FREMDER

Kriminalroman von Moa Graven

Impressum
FREMDER
Ein Fall für Profiler Jan Krömer - Band 07
Kriminalroman aus Ostfriesland von Moa Graven
Alle Rechte am Werk liegen bei der Autorin
Korrektorat: Guido Rößler
Erschienen im cri.ki-Verlag Leer (Ostfriesland)
Mai 2017
ISBN 978-3-946868-02-6
Umschlaggestaltung: Moa Graven

Zum Inhalt

Ein ganz normaler Freitag in Ostfriesland. Johann und Talea Schmees gehören auch zu denen, die sich ins Einkaufsgetümmel in Aurich stürzen. Als sie endlich fertig sind, machen sie sich auf den Weg nach Rechtsupweg zu Taleas Eltern. Doch sie kommen nicht dort an, denn sie machen auf der Landstraße einen Fund, der sich erst auf den zweiten Blick als grausame Entdeckung entpuppt. In einem Müllsack befinden sich Hände, Arme und Füße. Die Extremitäten von Toten. Was steckt dahinter? Jan Krömer und Lisa Berthold werden mit dem Fremden im Menschen konfrontiert.

Böse

Es gibt Momente im Leben eines Menschen, da muss er sich entscheiden, wie sein weiteres Leben verlaufen wird. Soll man nett zu den Nachbarn sein, alten Menschen über die Straße helfen und Tieren ein neues Zuhause geben? So ein Verhalten wird in der Gesellschaft gemeinhin mit dem Adjektiv „gut" belohnt. Man gehört dazu.

Er entschied sich, böse zu sein.

Doch das alles geschah natürlich unterbewusst. Es würde in der Zukunft viele schlaue Stimmen geben, die sich darum bemühen würden, zu erklären, warum er böse und nicht gut geworden war.

Doch beginnen wir von vorne mit dem Morgen, als das Unheil in Ostfriesland seinen Lauf nahm.

Straßenschlachten

Es war einer dieser typischen Freitagnachmittage. Hätte man Johann Schmees nach seinen Wünschen gefragt, er wäre nicht mit seiner Frau Talea nach Aurich zu dem großen Kaufhaus gefahren, um für das Wochenende einzukaufen. Doch ihn fragte nie jemand.

Die Strecke von Timmel bis nach Schirum ging ja noch. Doch dann, als sie auf die Hauptstraße Richtung Aurich links abbogen, da reihte sich ein Wagen an den anderen.

»Müssen wir denn unbedingt immer in die Stadt fahren zum Einkaufen?«, fragte Johann, »bei uns gibt es doch auch Geschäfte.«

»Aber nicht mit so einem großen Angebot«, antwortete Talea.

Eigentlich lief es jede Woche so ab.

Und zu allem Überfluss würden sie heute auch noch nach Rechtsupweg zu Taleas Eltern fahren, weil sie ihre Mutter so gut es ging, unterstützten, seitdem ihr Vater vor einem halben Jahr einen Schlaganfall erlitten hatte. Sie kauften jetzt praktisch für zwei Haushalte ein.

»Wir müssen uns da mal was anderes überlegen«, ließ Johann nicht locker. »Vielleicht sollten wir mal in der Wochenmitte einkaufen fahren. Am Freitag verschenken wir so gut und gerne drei Stunden, weil alle am Freitag einkaufen gehen.«

»Und warum sollten wir dann eine Ausnahme machen?«, fragte Talea zurück. Johann spürte, dass es keine Änderungen geben würde. Nicht mit ihr. Nicht beim Einkauf und nicht in diesem Leben.

Als sie beim Einkaufscenter praktisch den letzten freien Parkplatz erobert hatten, blieb Johann im Wagen. Ihm täte das Knie weh, schob er vor. Damit könne er unmöglich durch alle Regalreihen wandern und stundenlang an der Kasse anstehen.

Talea stieg mürrisch aus. Doch auf der anderen Seite hatte sie so ja noch mehr Zeit, sich alles in Ruhe anzusehen. Er würde schon noch merken, was es hieß, wenn man ihr einen Strich durch die Rechnung machen wollte.

Und so saß Johann Schmees über eine Stunde im Wagen, ohne dass er etwas von seiner Frau wiedersah. Er beobachtete die vielen meist älteren Paare, die mit phlegmatisch geprägten Gesichtern die Wagen durch die Drehtür schoben. Wann hatte sein Leben eigentlich aufgehört? Wie lange musste er noch nach Aurich zum Einkaufen fahren? Fast kam es ihm wie eine gerechte

Strafe vor. Doch er wusste nicht, wofür. Er hatte nichts verbrochen.

Als er Talea mit dem vollbepackten Einkaufswagen aus dem Center rauskommen sah, stieg er aus und lief ihr entgegen. Gute Miene zum bösen Spiel.

»Und? Ist dir langweilig geworden?«, fragte Talea und übergab den schweren Wagen ihrem Mann.

»Alles gut«, sagte Johann und machte den Kofferraum vom Wagen auf, um die Einkäufe zu verstauen. Talea packte die Sachen für ihre Eltern in eine Extratasche. Dann setzte sie sich auf den Beifahrersitz und ließ Johann den Rest erledigen.

Würden sie so enden wie ihre Eltern?, fragte sie sich, als sie Johann beim Packen im Rückspiegel beobachtete. Doch eigentlich waren sie schon längst dort angekommen. Es passierte nichts Aufregendes mehr in ihrem Leben.

Doch hätte Talea gewusst, was sich in der nächsten halben Stunde ereignen würde, dann hätte sie sich mit dem zufriedengegeben, was sie im Rückspiegel sah.

Als Johann endlich vom Parkplatz gefahren war, fädelte er sich in den Linksverkehr Richtung Moordorf ein. Als sie von der Auricher Straße auf die Neue Straße wechselten, ließ der Verkehr langsam nach.

»Wollen wir heute Abend grüne Bohnen essen?«, fragte Talea und zupfte am Ärmel seines Hemdes herum.

»Warum nicht«, antwortete Johann und zog seinen Arm weg.

»Vielleicht könnten wir Mama und Papa am Sonntag zum Essen holen.«

»Das ist bestimmt eine gute Idee ...« Johann graute jetzt schon davor, diese ganze Strecke noch einmal zu fahren. Verstand denn niemand, dass er auch mal Ruhe brauchte?

»Was ist das?«, fragte Talea, als sie Victorbur hinter sich gelassen hatten und auf der Tom-Brook-Straße etwas im Weg lag.

»Keine Ahnung«, brummte Johann, »sicher hat ein Lkw das verloren.«

»Es sieht aus wie ein Müllsack«, sagte Talea, als sie näher rankamen. »Fahr da bloß nicht drüber.«

»Nee, natürlich nicht.«

Johann machte einen größeren Schwenker auf die linke Fahrbahn, die zum Glück frei war. Als er direkt neben dem Müllsack war, den er jetzt nicht mehr sehen konnte, schrie Talea auf.

»Was ist los?«, fragte Johann.

»Halt an!«, schrie Talea. »Halt sofort an!«

»Warum? Was ist denn los?«

»Da war eine Hand ...«

Er drosselte das Tempo auf unter dreißig und sah sie misstrauisch an.

»Du spinnst, da war doch keine Hand«, sagte er.

»Doch, ganz bestimmt. Wir müssen was unternehmen.«

Da Johann wusste, dass sie sowieso nicht eher Ruhe geben würde, bis er genau das getan hatte, was sie wollte, legte er den Rückwärtsgang ein und fuhr langsam auf Höhe zum Müllsack zurück. Dann stoppte er am rechten Straßenrand und stieg aus.

»Du bleibst im Wagen«, sagte er zu ihr und sie gab keine Widerworte.

Mit den Händen in den Taschen lief Johann auf den weißen Plastiksack zu, der leicht vom Wind bewegt wurde. Es war etwas Schweres darin, sonst wäre er längst weggeweht. Eine Hand? So langsam drehte Talea wohl völlig durch. Das musste vom vielen Fernsehen kommen.

Lange stand er dann da und wusste nicht, was er jetzt tun sollte.

»Was ist?«, rief Talea, die mittlerweile auch aus dem Wagen gestiegen war und auf ihn zukam.

»Bleib da«, sagte er und hob abwehrend die Hand. »Besser, du bleibst da.«

Es stimmte, was sie gesagt hatte. Da auf dem Asphalt lag eine abgetrennte Hand. Und das war noch lange nicht alles, was er in dem Müllsack erkennen konnte. »Wir müssen die Polizei rufen!«, rief er und ging wieder zu ihr zum Wagen zurück. »Hast du dein Handy mit?«

»Sicher«, sagte sie mit leichtem Zittern in der Stimme. »Aber was ist denn los? War es wirklich eine Hand?«

»Gib mir dein Telefon«, sagte er und kramte im Kofferraum nach einem Warndreieck. Besser, es sahen nicht noch mehr Menschen, was sich hier auf der Landstraße verteilt hatte.

Notruf

Die hochstehende Sonne versprach einen schönen Tag. Lisa und Jan hatten an diesem Freitag beschlossen, erst später in die Dienststelle zu fahren. Die Woche war verhältnismäßig ruhig verlaufen und nun würde man sehen, wer einem das Wochenende vermieste.

Chief räkelte sich auf dem Sofa, als Lisa etwas in ihren Laptop tippte und einen Kaffee trank.

»Du hast ein Leben«, sagte sie und griff mit der freien Hand nach seinem Kopf. Sie fühlte sich wohl hier bei Jan im Haus.

Er war zu seinem Trödler nach Aurich gefahren, um nach Gartenstühlen Ausschau zu halten. Sicher würden sie bald abends draußen sitzen, wenn sie ihren Rotwein tranken.

Sie sah zur Wand. Gleich war es schon zwei Uhr. Was machte er nur so lange? Sicher kippte er gerade mit dem Händler einen Klaren runter, dachte sie und musste schmunzeln. Sie hatte den bärtigen ungepflegt wirkenden Mann kennen gelernt, als sie für sie eine neue Schlafcouch gekauft hatten.

Es war keine Frage mehr, sie wurde hier in Tannenhausen sesshaft. Langsam machte es keinen Sinn mehr, dass sie ihr Geld für eine eigene Wohnung zum

Fenster rauswarf. Jan hatte ihr schon öfter durch die Blume gesagt, dass sie ruhig kündigen könne. Doch bisher hatte sie diesen letzten Schritt noch nicht gewagt, obwohl Jan recht hatte. Hier auf seinem Hof, da gab es so viel Platz, dass sie sich bequem aus dem Weg gehen konnten. Und mit dem Kauf der Schlafcouch hatten sie ein Zimmer ganz nach ihren Wünschen renoviert. Wenn sie jetzt aufwachte, dann kitzelten die ersten Sonnenstrahlen ihre Nase.

Als es auf drei Uhr zuging, wurde sie langsam unruhig und suchte nach ihrem Handy. Es war so still gewesen am Vormittag, dass sie es völlig vergessen, aber nicht vermisst hatte. Und als sie auf das Display sah, bekam sie einen riesigen Schreck. Jan hatte fünfmal versucht, sie zu erreichen. Das letzte Mal vor zehn Minuten. Ihr Handy stand auf lautlos. Verdammt. Schnell drückte sie die Rückruftaste und er war nach dreimaligem Klingeln dran.

»Lisa!«, rief er ihr ins Ohr. »Wieso gehst du nicht ans Telefon?«

Sie zuckte mit den Schultern und sagte: »Tut mir leid, ich ...«

»Egal. Du musst sofort zur Tom-Brook-Straße kommen. Da, wo es abgeht zur Straße am Mühlenschloot.«

Lisa klemmte sich das Handy zwischen Kopf und Schulter und griff nach ihren Schuhen. »Was ist denn passiert?«, fragte sie.

»Leichenteile«, sagte er nur, »den Rest erzähle ich dir gleich, wenn du da bist.«

Leichenteile? Was sollte das jetzt wieder heißen? Doch sie kannte Jan zu gut, als dass sie glaubte, er würde sich einen Scherz mit ihr erlauben. Es musste etwas Schreckliches geschehen sein, wenn er so kurz ab war. Sie schnappte sich ihre dünne Jacke, steckte ihr Handy ein und griff nach ihren Autoschlüsseln.

Als sie an der beschriebenen Stelle ankam, war schon alles abgeriegelt. Der Verkehr wurde umgeleitet und ein rotweißes Flatterband machte deutlich, worum es hier ging. Ein Kollege hob es an, damit sie weiter voraus zur Fundstelle fahren konnte. Sie stellte den Wagen in einiger Entfernung hinter Jans Wagen ab und legte den Rest zu Fuß zurück.

Das Blaulicht des Krankenwagens drehte sich weiter, obwohl längst klar war, dass man hier niemandem mehr helfen konnte.

»Schöne Scheiße«, sagte Jan, als Lisa ihn erreichte. Er zeigte auf eine groß ausgelegte Folie.

»Was ist das?«, fragte sie, obwohl sie es längst ahnte.

Da lagen Hände, Füße und Arme kreuz und quer. Alle abgeschlagen und fremd aussehend, gerade so, als erkenne man das Opfer erst, wenn alles wieder ordentlich zusammengefügt worden war.

»Wo kommt das alles her?«, fragte Lisa mit erstickter Stimme.

»Es lag in einem Müllsack hier auf der Landstraße«, erklärte Jan., »Ein Ehepaar, das mit seinen Einkäufen auf dem Weg nach Rechtsupweg war, hat ihn entdeckt.«

»Auf der Straße?«, fragte Lisa mechanisch nach. »Ich verstehe nicht ganz.«

»Tja, ich auch nicht. Aber genauso ist es gewesen. Der Sack lag auf der Fahrbahn und der Mann hat ihn großzügig umfahren. Die Frau auf dem Beifahrersitz hat dann eine Hand erkannt und sie haben gehalten. Sie wird drüben im Krankenwagen betreut, sie hat einen Schock.«

»Das kann ich mir vorstellen. Und der Mann?«

»Der macht gerade seine Aussage bei den Kollegen im Streifenwagen.«

»Aber wie kommt der Sack hierher?«

»Jemand hat ihn vielleicht verloren«, mutmaßte Jan. „So etwas schmeißt niemand einfach so weg.«

Lisa nickte zustimmend.

»Du hast recht, das macht keiner. Aber irgendwer hat Menschen zersägt.«

»Es sieht auf jeden Fall so aus. Ole Meemken ist dabei, alles zu sortieren.«

Sie sahen dem Gerichtsmediziner dabei zu, wie er versuchte, Hände den Armen zuzuordnen. Er machte seine Arbeit wie immer gewissenhaft und sein Gesicht blieb emotionslos, als handele es sich um Puppenteile.

»Auf jeden Fall fünf verschiedene Menschen«, sagte er plötzlich und sah zu den beiden herüber.

»Wow«, entfuhr es Lisa.

»Aber es sind nur die äußeren Extremitäten«, sagte Jan. »Wo ist der Rest?«

»Das müsst ihr herausfinden«, erwiderte Meemken, »ich werde mit dem Schlachtabfall in die Rechtsmedizin fahren und euch auf dem Laufenden halten.«

Wann war er nur so hart geworden?, fragte sich Jan, der Ole Meemken einst für einen einfühlsamen Mann gehalten hatte, der mit den Toten litt. Die Zeiten schienen eindeutig vorbei zu sein. Und wenn er ehrlich war, dann blieb einem in diesem Job nichts anderes übrig, als sarkastisch zu werden, wenn ein Mörder die Toten nicht einmal mehr im Stück ließ. Und dieser Fund deutete darauf hin, dass es noch mehr zu finden gab. Wo waren die Rümpfe und Köpfe? Und warum waren die Arme, Hände und Füße in einem Müllsack transportiert worden? Und vor allem, wohin sollten sie gebracht werden? Wo kamen sie her? Er sah bereits die flammende Überschrift in der Tageszeitung, die alle Menschen in Angst und Schrecken versetzen würde. Wem fehlt eine Hand oder ein Fuß? Nein, so würde es natürlich nicht da stehen. Er wurde schon genauso wie Ole Meemken und ließ nichts mehr wirklich an sich heran. Er fand es komisch, dass diese menschlichen Teile überhaupt keinen Geruch verströmten. Er hatte jedenfalls nichts wahrgenommen, als er sich darüber gebeugt hatte, als Lisa noch nicht da gewesen war.

»Jan?« Lisa tippte ihn am Arm.
»Ja?«
»Wo warst du mit deinen Gedanken?«
»Bei den Toten«
»Sind wir da nicht immer?«
»Es bleibt uns nichts anderes übrig. Um die Lebenden müssen sich andere kümmern.«
»Ist es nicht komisch, dass dieses Ehepaar den Sack als Erstes gesehen hat? Schließlich ist es schon mitten am Tag.

Da müssen doch viel mehr Menschen vorbeigekommen sein«, sagte sie.

»Wer will damit denn etwas zu tun haben?«, gab Jan zurück. »Vielleicht wäre ich auch einfach weitergefahren, wenn ich sie gewesen wäre.«

»Das ist jetzt nicht dein Ernst? Man hält doch an, wenn ein Sack auf der Straße liegt. Alleine schon, damit kein anderer damit einen Unfall baut.«

»Ach, ich glaube nicht, dass die Menschen sich noch so umeinander sorgen. Und selbst wenn dem ein oder anderen etwas merkwürdig erschienen sein mag, so hat er vielleicht gut daran getan, einfach Gas zu geben.«

»Ich finde nicht gut, was du da sagst«, erwiderte Lisa. Doch sie wusste, dass er im Grunde recht hatte. Wer interessierte sich schon noch dafür, was auf der Straße geschah? Es waren alle im Stress, wollten weiter, wohin auch immer. Und wenn man sich kümmerte, dann hatte man die ganzen Scherereien, die so etwas mit sich bringen konnte, am Hals. Da war es vielleicht wirklich besser, man hörte und sah nichts mehr.

Jan hatte sich von Lisa entfernt und war zu dem Streifenwagen gegangen, an den Johann Schmees jetzt gelehnt stand.

»Sie haben den Sack auf der Straße entdeckt?«, fragte er frei heraus.

Johann nickte. »Ja, aber eigentlich hat nur meine Frau gesehen, was eigentlich da los war. Ich war ja auf die linke Fahrbahn gefahren, um ihn zu umfahren. Sie hat aus dem Fenster gesehen und dann geschrien.«

»Geschrien? Warum?«

»Weil sie glaubte, eine Hand gesehen zu haben, was nachher ja auch stimmte. Erst dachte ich, sie ... aber ist auch egal.«

»Wo wollten Sie denn hin?«

»Wir waren auf dem Weg zu ihren Eltern in Rechtsupweg. Wissen Sie, wir kaufen jeden Freitag ein und dann bringen wir auch was zu ihren Eltern, die seit dem Schlaganfall des Vaters nicht mehr so mobil sind.«

Jan hörte heraus, wie sehr ihm die ganze Sache auf die Nerven ging, und er sich nach etwas anderem sehnte.

»Haben Sie vielleicht andere Wagen gesehen, die vor Ihnen hier vorbeigekommen sein müssen?«

»Machen Sie Witze?«

»Eigentlich habe ich meine Frage ernst gemeint.«

»Na dann. Es fährt doch Gott und die Welt mittlerweile den ganzen Tag spazieren. Und meine Frau will immer nach Aurich mitten rein ins Chaos. Ich verstehe das nicht, man kann doch auch über Land einkaufen.«

»Also gab es jede Menge Wagen, wollen Sie das damit sagen?«

Er nickte. »Sicher waren viele unterwegs, aber direkt vor oder hinter mir war längere Zeit niemand. Hier Richtung Victorbur wurde es langsam ruhiger. Deshalb konnte ich ja auch die Fahrbahn wechseln, um den Sack zu umfahren.«

Tja, dachte Jan, da war wohl nichts zu holen. Andere Zeugen, die etwas gesehen haben könnten, gab es nicht. Er würde einen Aufruf in der Presse starten, damit sich mögliche Zeugen meldeten.

»Danke erst einmal«, sagte er zu Johann. »Denken Sie, dass Sie gleich in der Lage sind, weiterzufahren?«

»Klar«, sagte Johann, »das ist mein Job.«

»Wie meinen Sie das?«

»Ich bin Lkw-Fahrer. Tag und Nacht auf der Straße.«

Deshalb gingen ihm diese zusätzlichen Fahrten mit seiner Frau wohl so gegen den Strich. Er wollte einfach mal seine Ruhe haben.

»Gut, dann können Sie gleich mit Ihrer Frau weiterfahren. Ich werde nochmal zum Krankenwagen rübergehen und sehen, ob ich sie auch befragen kann.«

Johann nickte und Jan ging weiter.

Der Krankenpfleger winkte ab. »Die ist nicht vernehmungsfähig«, sagte er nur.

»Okay«, erwiderte Jan, »dann später.«

Er ging wieder zu Lisa zurück, die Meemken dabei zusah, wie er die Plane über die vielen leblosen Körperteile zusammenraffte.

»Und?«, fragte sie nur.

»Du bist blass«, antwortete Jan. »Die Frau ist nicht vernehmungsfähig und ihr Mann hat erst im zweiten Schritt was gesehen. An andere Wagen, die vor ihm daran vorbeigekommen sein müssen, kann er sich nicht erinnern.«

»Wie auch?«, sagte Lisa. »Wer achtet schon auf die anderen, wenn er unterwegs ist.«

»Stimmt. Bis die Spurensicherung hier fertig ist, wird wohl noch eine ganze Weile vergehen. Wir könnten zur Dienststelle fahren.«

»Und was sollen wir da machen?«

»Auf jeden Fall möchte ich eine Pressemitteilung herausgeben, damit sich Zeugen melden können. So ein Sack mit Leichenteilen fällt ja nicht einfach so vom Himmel.«

»Was für ein Glück«, seufzte Lisa. »Und dabei fing der Tag so schön an. Hast du eigentlich Gartenstühle bekommen?« Sie zeigte auf seinen alten Volvo.

»Ja, hab ich. Wir können sie später ausprobieren, wenn du willst.«

»Warum nicht. Komm, lass uns fahren.«

Sie stiegen in ihre Wagen und fuhren Richtung Aurich.

Angezählt

War er jetzt verrückt geworden? Oder war es nur der Verstand, der ihm einen Streich spielte? Er hatte genau nachgezählt, bevor er losgefahren war. Es hatten zehn Säcke auf seinem Anhänger gelegen. Es waren bestimmt zehn gewesen. Und jetzt fehlte einer.

Zur Sicherheit hievte er noch einmal einen nach dem anderen von der linken auf die rechte Seite. Es gab keinen Zweifel, es waren nur neun.

»Verfluchte Scheiße!« Er schlug mit der Faust gegen die Wand. »Ich muss ruhig bleiben, ganz ruhig«, mahnte er sich selber. »Es ist alles in Ordnung. Niemand wird diesen Sack finden. Ich weiß genau, wo ich langgefahren bin. Ich werde ihn finden. Ich fahre einfach zurück. Alles noch einmal ab. Ich werde ihn finden.«

Er schloss die Scheunentür ab und sah sich um. Es war niemand zu sehen. Kein Wunder, es gab niemanden, der sich in diese Einöde traute. Außer ihm.

Er koppelte den Anhänger ab und setzte sich in seinen Wagen.

Nach einer Dreiviertel Stunde wurde er von einer Straßensperre gestoppt. Ein Polizist in Uniform kontrollierte die Wagen vor ihm. Sollte er jetzt einfach umdrehen und wegfahren? Nein, das wäre zu auffällig.

»Ganz ruhig bleiben«, sprach er zu sich selbst und schaltete das Radio an. Immer dieses blöde Gedudel, dachte er und kurbelte so lange weiter, bis er endlich einen ruhigen Sender fand, der etwas Klassisches spielte.

Sein Herz schlug ihm bis zum Hals, als der Polizist schließlich auf seinen Wagen zukam. Er drehte die Scheibe herunter.

»Guten Tag, Polizeikontrolle«, sagte der Beamte.

»Worum geht es denn?«, fragte er so ruhig wie möglich.

»Fahren Sie das erste Mal an diesem Tag hier lang?«, fragte der Beamte, ohne auf seine Frage einzugehen. Die Menschen hatten einfach kein Benehmen mehr.

»Ja, es ist das erste Mal«, sagte er. »Was ist denn los?«

»Bitte geben Sie mir Ihre Fahrzeugpapiere und den Führerschein«, sagte der Beamte. Offensichtlich hatte er schon viele Wagen kontrolliert, denn er wirkte müde.

Er kramte in seinem Handschuhfach herum und hielt dem Beamten zerfledderte Papiere hin.

Der Beamte sah kurz darauf. »Damit sollten sie sorgsamer umgehen«, sagte er, als er sich den Namen und die Anschrift notiert hatte. »Ich muss Sie bitten, der

Umleitung zu folgen.« Er zeigte in die entgegensetzte Richtung.

»Alles klar«, sagte er. Es machte keinen Sinn, jetzt noch länger nach dem Sack zu suchen.

Die Polizei hatte ihn bereits gefunden.

In der Dienststelle

Jan setzte sich als Erstes an seinen PC und tippte die Meldung in die Tasten.

»Desto schneller wir das raushauen, umso größer werden die Chancen, dass sich jemand erinnert«, sagte er zu Lisa, die einen Kaffee geholt hatte.

Sie setzte sich auf seine Schreibtischkante und sah ihm zu.

»Was willst du denn eigentlich schreiben?«, fragte sie und rührte in ihrem Becher herum. »Hallo, gibt es da draußen jemanden, der auch Leichenteile gesehen hat? Das könnte ein Chaos werden.«

»Nein, ganz so dramatisch werde ich es nicht machen, keine Sorge.« Jan sah nicht einmal auf.

Also ging Lisa zu ihrem Schreibtisch herüber und fuhr ihren eigenen PC hoch. Es gab bereits ängstliche Anfragen von Privatleuten, die nicht davor zurückschreckten, das Postfach der Ermittler direkt vollzumüllen. Vielleicht hatte Jan recht. Desto schneller die Infos raus waren, umso größer waren die Chancen, dass irgendjemand einen verdächtigen Wagen gesehen hatte.

»So, jetzt muss sich die Pressestelle darum kümmern«, sagte Jan und drückte auf Senden.

»Es gibt eine Nachricht aus Osnabrück«, sagte Lisa und las laut vor. »Wir freuen uns, Ihnen mitteilen zu können, dass es uns gelungen ist, Sie bei Ihrer Arbeit tatkräftig zu unterstützen ...«

»Was ist das denn für ein Mist?«, fragte Jan und kam neugierig zu ihr herüber. Irgendwie war er heute komisch drauf, dachte sie bei sich.

»Wir kriegen einen Praktikanten«, antwortete sie.

»Einen Praktikanten? Wie soll uns das denn bei der Arbeit helfen? Und lösen wir unsere Fälle nicht eigentlich schon so schnell genug?« Er beugte sich über ihre Schulter und las selber. »Helif Number wird sie ab dem kommenden Montag bei Ihrer Arbeit begleiten? Ich verstehe nur noch Bahnhof.«

»Ja, du liest richtig«, bestätigte Lisa, »es handelt sich um einen Asylbewerber. Wahrscheinlich brauchen die da oben irgendwas zum Vorzeigen. Eben einen Beweis, dass Integration in unserem Land ganz wunderbar funktioniert.« Lisa druckte die Mail aus.

»Du weißt, dass ich nichts gegen Zuwanderer habe«, sagte Jan, »aber ich denke, gerade bei dem aktuellen Fall kostet uns das unnötige Kapazitäten.«

»Vielleicht hast du recht«, sagte Lisa. »Aber Helif Number ist nun wirklich der Letzte, der etwas dafür kann, dass die Politik in diesem Land versagt hat.«

»Natürlich, so war das wirklich nicht gemeint.«

»Ich weiß ... wie gehen wir denn jetzt weiter vor? Es wird sicher eine Weile dauern, bis die Leichenteile endgültig sortiert sind. Und auch dann wissen wir ja nicht, wer da eigentlich hingemetzelt worden ist.«

»Wir können im Moment nur darauf bauen, dass irgendjemand was gesehen hat«, sagte Jan und las sich die Nachricht aus Osnabrück noch einmal in Papierformat durch. »Politik ist ein schmutziges Geschäft«, sagte er schließlich. »Wenn es in diesem Jahr keine Bundestagswahlen gäbe, würden wir bestimmt keine Unterstützung bekommen.«

»Ach ärgere dich nicht«, meinte Lisa.

»Du bist gut, hast du denn nicht den Schlusssatz gelesen?«

»Hm ... jedenfalls nichts, was mich auf die Palme bringen könnte.«

»Tja, es soll nach einer vierzehntägigen Eingewöhnungsphase einen Pressetermin mit dem Praktikanten geben.«

»Wirklich? Nein, das habe ich wohl überlesen. Das ist ja abartig, als wenn es sich bei Helif um ein Zirkuspferd handeln würde. Hätten wir einen deutschen Praktikanten, dann würde nicht so ein Brimborium darum gemacht.«

»Ach, du hast recht, lass uns von was anderem reden.«

»Genau, was essen wir heute Abend?«

»Wir könnten uns einen Kartoffelsalat mit Frikadellen machen.«

»Gute Idee. Ich schlage vor, wir gehen los. Ich nehme den Laptop mit, dann bleiben wir auch zuhause auf dem Laufenden.«

Blinde Wut

Über tausend Umwege war er wieder in seinem Versteck angekommen. Wie konnte ihm nur so eine Unachtsamkeit passieren? Die Klappe seines Anhängers hatte sich gelöst und so musste einer der Säcke heruntergerutscht sein.

Er schlug die schwere Eisentür hinter sich zu und griff nach dem nächstbesten scharfen Gegenstand, den er auf dem Regal fand, und schnitt sich damit tief ins eigene Fleisch. Er musste dafür bestraft werden, dass er so dumm war. Das Blut spritzte und lief in seinen Ärmel. Das tat gut. Strafe hatte etwas Befreiendes. Er schloss für einen Moment die Augen. Dann plötzlich schrie er los. Wild und unbändig schlug er mit dem Kopf gegen die Wand. Er spürte den Schmerz noch nicht. Es war noch nicht genug. Immer wieder krachte es, bis endlich Blut seine Schläfe hinabrann. Er fuhr mit seiner Hand durchs Haar. Seine Hand wurde rot.

Nachdem sein Atem sich wieder beruhigt hatte, ging er zu den anderen Säcken und schnitt sie nach und nach auf. Dann schmiss er den großen Häcksler an und stopfte Arme, Beine, Hände und Füße hinein. Er liebte dieses Geräusch, wenn die Knochen knackten. Unten kam ein sämiger Brei heraus, der den Körperteilen den letzten Funken Ähnlichkeit mit einem Menschen nahm, die sie einmal gewesen waren. Er wusste, dass es richtig und gut war, was er tat. Es war seine Aufgabe. Die große Mission.

Am kommenden Wochenende würde er wieder runterfahren und weitere Menschenteile holen. Aber Halt! Die Polizei. Sie war jetzt wachsamer geworden, nachdem er sich diesen groben Schnitzer erlaubt hatte. So etwas durfte nie, nie wieder passieren. Während er das dachte, zog er sich seinen blutverschmierten Pullover über den Kopf. Er lachte. Erst leise. Doch dann schüttelte und bog sich sein ganzer Körper vor Freude.

Ganz am Anfang

Jan hatte die gebrauchten Gartenmöbel auf die Seite vom Haus gestellt, die wohl zukünftig als Terrasse durchgehen würde. Hier ging die Sonne unter und es war lange warm. An einen Tisch hatte er nicht gedacht, und so hatte er in der alten Scheune gesucht und tatsächlich einen kleinen Holztisch des Vorbesitzers gefunden, den er jetzt vom Staub befreite.

Chief hatte sich ins Gras gelegt und hob ab und zu seinen Kopf, um ihm dabei zuzusehen. Oder auch vielleicht einfach nur, um sich zu vergewissern, dass sein Herrchen noch da war. Die beiden verband eine tiefe Zuneigung, die abends jetzt oft darin gipfelte, dass der Hund zu ihm unter die Bettdecke kroch. Jan mochte das Gefühl, wenn Chief sich an seine Füße legte. Mit der Zeit wurde man als Mensch genügsam.

Seine Gedanken kreisten um den fiktiven Täter. Irgendjemand da draußen schlachtete Menschen ab. Anders konnte man die Interpretation des Fundes am heutigen Tag wirklich nicht mehr bezeichnen. Was ging in einem Menschen vor, der so etwas tat? War es reine Mordlust? Rache oder Geldgier? Aber um Finanzielles ging es wohl irgendwie nicht, denn warum sollte man jemanden, den man ausgeraubt hatte, anschließend zu Mus verarbeiten? Und Rache? Das wäre eine denkbare Möglichkeit. Aber gleich an so vielen Menschen? Es waren mindestens fünf, hatte Meemken gesagt. Leichenteile von fünf Menschen. Jan stellte sich die Gesichter dazu vor. Es waren drei Frauen und zwei Männer. Oder doch nur Männer? Keine Kinder? Nein, danach sahen die Hände und Füße nicht aus.

»Was machst du da?«, fragte Lisa. Sie hatte eigentlich drinnen mit einem Kaffee auf ihn gewartet.
»Ich versuche, so etwas wie einen Sommersitz für uns zu bauen«, sagte er und grinste.
»Sieht schon mal nicht schlecht aus. Ich kann den Kaffee ja auch nach draußen holen.«
»Oh sorry, das hatte ich ganz vergessen ...«
»Macht nichts, ich bin gleich wieder da.«

Er sah ihr nach. Es war so selbstverständlich, dass Lisa hier lebte, dass er sich gar nicht mehr vorstellen konnte, dass sie irgendwann nicht mehr da sein könnte. Man konnte sich an Menschen gewöhnen wie an einen liebgewordenen Pullover oder ein Buch. Doch diese simplen Vergleiche wurden ihr nicht gerecht. Lisa war eine Freundin, mit der man die berühmten Pferde stehlen konnte. Noch nie hatte er einen loyaleren Menschen kennen gelernt, das würde er ohne weiteres unterschreiben.

Und ihm graute vor dem Tag, an dem sie einen anderen Mann kennen lernte. Einen, der eben die Frau und nicht nur den Kumpel in ihr sah. Er würde es nicht aushalten können, bei sich im Haus ein turtelndes Liebespärchen um sich zu haben. Nicht, weil er es ihr nicht gönnte, sondern weil? Ja, warum eigentlich?

Lisa kam mit dem Kaffee zurück und setzte sich jetzt mit an den Tisch.

»Das wird ein schöner Sommer«, sagte sie.

Jan sah sie stumm an und nickte. Dann griff er zu seinem Becher.

»Was denkst du, wer all diese Menschen umgebracht hat?«, fragte Lisa.

»Schwer zu sagen«, entgegnete Jan und fuhr mit seiner Hand über den Holztisch. »Auf jeden Fall hat er große Wut.«

»Sicher. Aber worauf?«

»Er scheint keine Menschen zu mögen.«

»Sehr witzig.«

»Oh nein, das sollte kein Scherz sein. Ich denke wirklich, dass es jemand ist, der mit Menschen nichts anfangen kann.«

»Außer sie in Stücke zu schneiden.«

»Tja, aber das macht man nur, wenn man etwas gegen Menschen hat.«

»Zumindest gegen einige ...« Lisa strich mit ihrer Hand über Chiefs Rücken. Er hatte sich neben sie gestellt und reckte sich.

»Aber wonach wählt er diese Menschen aus, die er umbringt?«

»Das wird die spannende Frage sein«, meinte Lisa. »Wenn wir wissen, ob es Männer oder Frauen waren und ihr Alter kennen, dann können wir uns vielleicht an eine Opferanalyse heranwagen.«

»Vollkommen richtig«, bestätigte Jan. »Und bis dahin können wir ja unseren Kartoffelsalat zubereiten. Ich habe auch schon einen Weißwein kaltgestellt.«

»Du denkst auch an alles«, lachte Lisa. »Wir lassen uns von diesem Schlächter aus Ostfriesland doch den Appetit nicht verderben.«

Sie gingen gemeinsam in die Küche und bereiteten stumm das Abendessen vor. Es herrschte eine stille Harmonie, die Jan fast unheimlich erschien. Sie hatten sich noch nie so richtig gestritten, seitdem sie hier wohnte.

Als alles fertig war, trugen sie Teller und Schüsseln nach draußen.

»Ich hole den Wein«, sagte Jan, »dann ist alles perfekt.«

Er ging wieder hinein.

Perfekt?, dachte Lisa. Ist unser Leben jetzt perfekt, so wie es ist? Warum bin ich eigentlich hier? Langsam wurde ihr diese Idylle unheimlich. Aber vielleicht war es typisch für sie, dass sie überall nach dem Haar in der Suppe suchte. Warum konnte sie Dinge, die gut waren, nicht einfach so nehmen und glücklich sein?

»Hier.« Jan hielt ihr ein Weinglas hin.

Sie stießen an.

»Auf einen gemütlichen Abend«, sagte sie.

Jan nickte. »Könnte schlimmer sein.«

Er tat beiden Salat auf und vegetarische Würstchen.

»Es ist mir ein Rätsel, wie man am helllichten Tag Leichenteile durch die Gegend kutschieren kann, als wenn nichts wär«, sagte Lisa. »Er könnte doch jederzeit entdeckt werden.«

»Aber nur, wenn man ihn anhält«, meinte Jan. »Und für eine Kontrolle gab es bisher keinen Grund.«

»Quatsch, man kann jederzeit in eine Routinekontrolle geraten, selbst in Ostfriesland.«

Da hatte sie zweifellos recht. »Dann ist es für ihn vielleicht ein besonderer Nervenkitzel, dass er sich in Gefahr begibt.«

»Oder er ist im Stress.«

»Stress?«

»Na ja, vielleicht musste er die Leichenteile wegschaffen. Die Zeit drängte, warum auch immer.«

»Wir reden hier darüber, als ob er Holzkohle transportiert hätte«, sagte Jan. »Vielleicht verlieren wir den Bezug zum Täter, wenn wir ihm die Chance geben, dass wir uns an sein Tun gewöhnen.«

Lisa zog die Stirn in Falten. »Versteh ich jetzt nicht. Aber ich glaube, da gibt es keine Gefahr. An so eine Scheiße will ich mich gar nicht gewöhnen. Hast du noch eine Flasche?« Sie hielt die Leere in die Höhe.

»Klar«, sagte er und ging in die Küche.

Es war frustrierend, dachte sie, dass wir nie mehr als Freunde sein werden. Er war schon lange nicht mehr nach Leer gefahren und hatte auch den Namen Katrin nicht mehr erwähnt. Ob es zwischen den beiden endgültig aus war und er deswegen so genervt schien? Sie würde nicht danach fragen. Es ging sie nichts an, was er mit seinem Herzen machte. Sie wusste ja nicht, dass Katrin es schon vor vielen Wochen aufgegeben hatte, ihm Nachrichten auf der Mailbox zu hinterlassen. Denn er rief nie zurück.

Er kam mit einer neuen Flasche Wein wieder nach draußen.

»Morgen geht das gleiche Spiel wie immer von vorne los«, sagte Lisa und schenkte für beide ein. »Wir müssen auf jeden Fall die Kartei der vermissten Personen durchgehen.«

»Tja, es ist immer dasselbe«, bestätigte Jan. Auch ihm graute vor Routine, da waren sie sich sehr ähnlich. »Aber wenn wir überhaupt einen Anhaltspunkt finden wollen, dann müssen wir wissen, wer die Toten sind.«

»Lass uns erst den Bericht von Ole abwarten.« Lisa zog ihren Baumwollschal fester um ihren Hals. »Es kühlt langsam ab«, sagte sie.

»Wollen wir reingehen? Wir könnten es uns auf dem Sofa gemütlich machen. Chief ist gerade im Wald unterwegs und macht uns den Platz im Moment nicht streitig.«

Lisa lachte. »Ein Leben ohne Chief wäre total langweilig.«

»Und ohne dich auch«, erwiderte Jan. »Komm, lass uns reingehen.«

Sie trugen alles ins Haus und lümmelten sich jeder in eine Sofaecke. Es ging ihnen gut. Sie konnten ja nicht ahnen, dass keine fünfzig Kilometer entfernt jemand einen großen Behälter mit einer breiigen Flüssigkeit in die Nordsee gleiten ließ.

Ermittlungsalltag

Wenig motiviert lag Chief am nächsten Morgen unter dem Frühstückstisch.

»Hund müsste man sein«, seufzte Lisa. Sie hatte einen leichten Schädel vom gestrigen Abend. Oder besser gesagt vom Wein.

»Ja, manchmal möchte man wirklich mit ihm tauschen und einfach liegen bleiben«, stimmte Jan zu. »Aber ich glaube, wir sollten jetzt losfahren. Nimmst du deinen eigenen Wagen?«

Erstaunt sah sie ihn an. In der Regel fuhren sie jetzt immer zusammen, wenn sie nicht gleich zu Beginn des Dienstes unterschiedliche Ziele hatten.

»Sicher, wenn dir das lieber ist«, sagte sie und stellte ihren Kaffeebecher in die Spüle.

»He, so war das nicht gemeint.« Er spürte sofort ihre Enttäuschung. Sowieso wusste er, dass sie schon länger vermutete, dass sie ihm auf die Nerven ging. Oder zumindest lästig war. »Ich will vorher nochmal bei meinem Trödler vorbei und nach einer Gartenbank gucken.«

»Ach so«, sagte sie erleichtert. »Und ich dachte schon ...«

»Du solltest nicht so viel denken, Lisa. Meistens liegst du nämlich falsch. Jedenfalls, wenn es darum geht, zu erraten, was ich in Wirklichkeit meine oder denke, wenn ich etwas sage. Glaub mir, du nervst mich nicht. Eigentlich habe ich mich schon richtig daran gewöhnt, dass du hier wohnst. Das macht mir eigentlich viel mehr Kopfzerbrechen.«

Am liebsten wäre sie ihm auf der Stelle um den Hals gefallen. Er fand aber auch immer die richtigen Worte, um ihr Herz zum Singen zu bringen. »Ich geh jetzt lieber, bevor du es dir anders überlegst«, sagte sie lachend, strich Chief noch einmal über den Kopf, indem sie neben dem Küchentisch in die Knie ging, und machte sich anschließend auf den Weg. »Bis gleich!«, rief sie ihm von der Tür aus noch zu.

Da stand er jetzt mitten in der Küche. Ratlos. Lag es an dem neuen Fall, der ihn lähmte? Was war eigentlich los in Ostfriesland? Als er vor drei Jahren hier seinen ersten Fall gelöst hatte auf Norderney, da hatte er noch gedacht, dass er bis zur Rente eine ruhige Kugel würde schieben können. Landleben eben. Was passierte da schon. Doch die letzten Fälle machten ihm irgendwie Angst. Erst die Menschenversuche, dann Massenmorde und jetzt zerstückelte Leichen. War das überhaupt noch zu toppen? Und wenn ja, wollte er wirklich wissen, wozu Menschen noch imstande waren? Gerade der Umstand, dass Lisa jetzt bei ihm war und es ihm guttat, zeigte ihm, dass es noch mehr im Leben gab. Ja, er war sogar zu richtigen Gefühlen wie Zuneigung in der Lage. Lisa war wie eine Schwester für ihn. Er liebte sie, das ganz sicher. Aber eben nicht auf die erotische Weise. Und diese Liebe war definitiv unkomplizierter, aber keinesfalls langweiliger. Und er fühlte, dass es ihr genauso ging. Na ja, manchmal beschlich ihn das Gefühl, dass sie ihm mehr als nur Freundschaft entgegenbrachte. Aber er hatte sich noch nicht getraut, das Thema anzusprechen.

Jan ging zum Fenster und sah in den nahegelegenen Wald. Es war gelogen gewesen, dass er noch nach einer Gartenbank Ausschau halten wollte. Er wollte einfach nur mal alleine sein. Doch wenn er jetzt so auf die provisorische Terrasse sah, dann war eine Gartenbank gar keine so schlechte Idee.

Er wandte sich Chief zu, der mittlerweile auf dem Sofa lag, und drückte ihm noch einen Kuss auf die Stirn. Auch an dem Hund hing er mittlerweile mehr, als ihm guttat. Wenn er eines Tages nicht mehr da sein würde, er mochte gar nicht daran denken.

Was geschah nur mit ihm, dass er immer sentimentaler wurde?

Der Trödler räumte in seinem Geschäft gerade Neuware ein, wie er es nannte, auch wenn die Stühle, Schränke und Tassen manchmal schon über zwanzig Jahre alt waren.

»Jan, du schon wieder«, sagte er gutgelaunt. »Da hätte ich den Klaren ja gar nicht wegstellen brauchen.«

»Nein, bitte keinen Schnaps«, erwiderte Jan lachend. »Ich muss gleich in die Dienststelle zu einem Verhör. Ich wollte aber vorher nochmal nach einer Gartenbank gucken.«

»Ah verstehe ... der Herr hätte es gerne gemütlich hinterm Haus. Mal gucken, was ich da machen kann.« Er schob seine Hände weit in die Taschen der abgewetzten Cordhose und ließ seinen Blick schweifen. »Da drüben habe ich glaube ich was für dich. Komm mal mit.«

Er lief in die entgegengesetzte Richtung und Jan folgte ihm.

Kurz darauf standen sie vor einer wuchtig wirkenden Holzbank, die wohl einer Frau gehört hatte, die die Farbe Blau geliebt hatte. Die Bank war liebevoll gestrichen worden, das sah man ihr einfach an.

»Da passen mindestens drei Mann drauf«, sagte der Trödler. »Also kannst du dich auch bequem drauf hinlegen.«

Jan ging einmal um die Bank herum. Auch hinten war alles fein säuberlich gestrichen worden. Sie würde Lisa gefallen, dachte er. Und ihm auch.

»Die passt sicher nicht in meinen V70«, sagte er und rieb sich am Kinn.

»Könntest recht haben«, meinte der Trödler. »Aber das ist kein Problem, ich hab ja einen großen Anhänger und könnte sie dir vorbeibringen.«

»Das ist ein Angebot, das ich nicht ausschlagen kann.«

»Und wann soll ich damit vorbeikommen?«

»Egal, Chief ist meistens zuhause.«

»Der olle Köter macht mir aber bestimmt keinen Kaffee«, erwiderte der Trödler lachend.

»Kommt auf die Umstände an«, sagte Jan und ging lachend davon.

Lisas Wagen stand bereits auf dem Parkplatz, als er bei der Dienststelle ankam.

»Und, was gefunden?«, fragte sie ohne Umschweife, als er ins Büro kam.

»Lass dich überraschen.«

»Ja, du dich auch. Das Ehepaar Schmees ist da, um seine Aussage zu machen.«

»Na dann ...«

Sie gingen gemeinsam zum Verhörraum.

»Ich musste mir extra einen Tag freinehmen«, brummte Johann Schmees, noch bevor Jan und Lisa sich gesetzt hatten.

»Das tut uns leid«, sagte Lisa. »Aber es ist wichtig, dass wir Ihre Aussage so schnell wie möglich zu Protokoll nehmen. Und Ihnen geht es wieder etwas besser, Frau Schmees?«

Talea nickte. »Muss ja«, sagte sie und quetschte das Taschentuch in ihrer Hand.

»Herr Schmees, vielleicht schildern Sie uns zunächst noch einmal, was sich gestern bis zum Fund des Sacks ereignet hat.«

»Ereignet?«, fragte er. »Wir waren nur zum Einkaufen gefahren, sonst nichts.«

»Und dabei ist Ihnen noch nichts aufgefallen?«

Beide machten große Augen und schüttelten mit den Köpfen.

»Dann sind Sie Richtung Rechtsupweg gefahren, richtig?«

Die beiden nickten.

»Und auf der Tom-Brook-Straße ... wem ist da als Erstes der Müllsack aufgefallen?«

»Mir natürlich«, sagte Talea schnell.

»Die sieht alles«, fügte Johann hinzu. »Da kannst nicht gegen gucken.«

Dann schilderte Talea, was genau sie gesehen hatte. Und dass ihr Mann Johann einen großen Bogen um den Sack gemacht hätte, wobei sie wiederum etwas gesehen hätte, dass ihr, ohne dass sie wüsste, warum eigentlich, Angst gemacht hätte.

»Es sah so komisch aus, so rosa«, sagte sie. »Ich musste an ein Eisbein denken.«

»Und wie ging es dann weiter?«, fragte Lisa.

»Ich hab zu Johann gesagt, dass er anhalten soll. Schließlich war es ein großer Sack. Und wenn jemand einen Unfall damit bauen sollte, dann wären wir am Ende schuld, weil wir nichts unternommen haben.«

»Das heißt, es gab noch andere Wagen in der Nähe, deren Besitzer Sie vielleicht gesehen haben könnten?«, fragte Lisa schnell, bevor sich das Bild vor Taleas innerem Auge wieder verflüchtigen konnte.

»Johann, hast du jemanden gesehen?«, fragte sie, statt eine Antwort zu geben. Er schüttelte mit dem Kopf. »Nein, wir haben sonst niemanden gesehen«, bestätigte sie.

»Sie sind also zurückgefahren?«, fragte Lisa.

»Ja, ein Stückchen, so weit waren wir ja gar nicht gefahren, weil Johann extra langsam fuhr. Und dann haben wir den Wagen am Straßenrand abgestellt und dann sind wir zu dem Sack gelaufen ...« Sie krallte ihre Hand in seine und er verzog das Gesicht.

Lisa ließ nicht locker und wollte noch einmal genau wissen, was sie dort gesehen hatten. Und auch, als sie noch einmal nachfragte, gaben beide an, dass sie niemanden in der Nähe gesehen hätten. Keinen Radfahrer, Fußgänger und schon gar keinen anderen Wagen. Weder aus derselben noch aus der anderen Richtung. Irgendwie fand sie das merkwürdig, schließlich war es Freitagmittag. Rush hour gab es doch auch in Ostfriesland. Wieso war ausgerechnet an diesem Freitag nur das Ehepaar Schmees zu dieser Zeit dort unterwegs?

»Sie sind also von Beruf Lkw-Fahrer, Herr Schmees«, mischte Jan sich zum ersten Mal ein. Er hatte sich die Gesichter bei der Befragung sehr genau angesehen.

»Ja, das stimmt«, antwortete Johann und das erste Mal hellte sich sein Gesicht auf. Sicher war dieser Beruf das einzige Highlight im Leben mit einer Frau wie Talea.

»Und was transportieren Sie?«

»Ich fahre Frischwaren von einem Großlager zu den umliegenden Märkten aus.«

Irgendwie klang es im Zusammenhang mit den Leichen makaber, dachte Jan. Doch kam so ein Lkw auch dafür infrage? Vielleicht für den Transport von Leichen, die noch ganz waren. Aber die Leichenteile waren definitiv nicht aus einem großen Lkw gefallen, das machte keinen Sinn. Die Dinger waren heutzutage voll automatisiert und niemals würde da eine hintere Tür zufällig offen stehen. Und doch wollte er diesen Gedanken noch nicht ganz beiseite wischen. Diese Spur konnte auch zum Ziel führen.

»Und sind darunter auch Fleischwaren, ich meine frische?«

Johann Schmees verzog das Gesicht. »Nein, dafür gibt es andere separate Transporte«, sagte er, denn er hatte die Gedanken von Jan erraten.

»Wie kam es eigentlich, dass sie am Freitag frei hatten?«

»Das ist manchmal einfach so. Ich fahre die Touren ja nicht alleine. Am meisten haben wir montags und donnerstags zu tun. Da sammeln sich dann auch mal Überstunden an, die man dann zum Beispiel an einem Freitag abfeiert.«

»Okay«, sagte Jan und bemitleidete, dass dieser arme Mann dann ausgerechnet in den Einkaufstrubel musste. Da hätte er ja wirklich besser arbeiten gehen können. »Aber es ist nicht immer der Freitag, an dem Sie sich frei nehmen?«

»Nein, das kommt wie gesagt auch immer darauf an, was die Kollegen vorhaben. Und diesmal passte es eben ganz gut, weil wir ja mittlerweile auch für meine Schwiegereltern einkaufen müssen.«

Talea warf ihm einen bösen Blick zu.

»Ja, irgendwann kommt so etwas wohl auf jeden zu«, sagte Jan lakonisch. Ihn selber würde das aber definitiv nie belasten. »Aber dann kann man wohl sagen, dass Sie wirklich rein zufällig an dem Sack mit den Leichenteilen vorbeigekommen sind.«

»Natürlich war das ein Zufall«, mischte sich Talea ein. »Glauben Sie vielleicht, wir haben den Sack da aus dem Auto geworfen? Oder wären freiwillig da lang gefahren, wenn wir gewusst hätten, dass er da liegt?«

»Sicher nicht«, antwortete Lisa, weil Jan nichts mehr sagte. »Es sind ja auch nur Routinefragen, die wir stellen müssen, weil sie beide im Moment unsere einzigen Zeugen sind. Alles, was sie beobachtet haben, kann von enormer Wichtigkeit sein, auch wenn es Ihnen noch so banal erscheinen mag.«

»Das verstehen wir ja«, beruhigte Johann die Situation. »Wir helfen auch, wo wir können.«

Jan notierte sich noch den Namen der Firma, wo Johann Schmees beschäftigt war. Dann machten die beiden sich wieder auf den Weg nach Hause.

»Die beiden haben nichts mit der Sache zu tun, wenn du mich fragst«, sagte Lisa, als sie wieder in ihrem Büro waren.

»Nein, denke ich auch nicht. Sie hatten einfach nur Pech.«

»Ja, so könnte man es auch nennen. Aber irgendjemand musste ja mal halten und gucken, was mit dem Sack los ist.«

»Genau. Und wer weiß, wie viele einfach daran vorbeigefahren sind.«

»Sicher eine ganze Menge. Oder hältst du immer an, wenn irgendwo was rumliegt.«

»Wenn es ein großer Sack mitten auf der Fahrbahn ist, auf jeden Fall. Aber hätte er am Straßenrand gelegen, dann wäre ich auch weitergefahren, da gebe ich dir recht.«

»Ja, das hätte wohl jeder gemacht. Man ist nicht zuständig dafür, wenn andere die Umwelt verschmutzen. So denken viele heute nun einmal.«

»Ist die Zeitung schon da?«

»Ich guck vorne mal nach, hier auf dem Schreibtisch ist sie noch nicht. Ich bring uns einen Kaffee mit.«

Lisa verließ das Büro.

Jan ging zu der Pinnwand, wo die Bilder mit den vielen Leichenteilen angebracht waren. Es war komisch, dass man sich den Menschen dazu nicht vorstellen konnte, wenn man nur eine Hand oder einen Fuß sah. Bei Köpfen war das schon ganz anders. Doch ein Kopf war nicht dabei gewesen. Wo waren die Köpfe und die Rümpfe? Vielleicht hatte der Täter die Extremitäten von ihnen getrennt in Säcke gepackt. So würde man sie nicht miteinander in Verbindung bringen können. Doch warum machte er so etwas? Verstreute er vielleicht im ganzen Umkreis von Ostfriesland irgendwo Leichenteile? Vergrub sie irgendwo. Doch wenn die Teile auf den Fotos hier schon zu mindestens fünf Menschen gehörten, mit wie vielen Toten würden sie dann bei diesem Fall rechnen müssen?

Lisa kam mit dem Kaffee und der Zeitung zurück.
»Die Headline ist jedenfalls nicht reißerisch«, sagte sie.
Jan kam zu ihr herüber und setzte sich mit an ihren Tisch.
»Grausamer Fund in Südbrookmerland«, las er laut vor. »Du hast recht. Grausam kann vieles sein.« Er las still für sich weiter.
Lisa beobachtete seine Gesichtszüge, während er in den Artikel, den er im Grunde selber verfasst hatte, vertieft war. Es war gemein, dass Männer immer interessanter wurden, wenn sie älter wurden. Bald würde sie dreißig werden. Und davor graute es ihr. Sie hatte bisher

irgendwie nichts auf die Reihe gekriegt. Kein Mann, keine Kinder. Nicht mal einen festen Freund hatte sie. Stattdessen hatte sie sich im Haus ihres Kollegen verkrochen. Sie versteckte sich vor der Welt. Oder besser gesagt, vor einem eigenen Privatleben. Ob das wirklich nur mit ihrem Job zusammenhing.

»Was ist Lisa?«, fragte Jan, ohne von der Zeitung aufzusehen.

»Was?«, fragte sie erschrocken.

»Du durchbohrst mich mit deinen Blicken.«

»Tatsächlich? Oh, das habe ich gar nicht gemerkt. Ich war nur in Gedanken bei unserem Fall«, log sie.

»Ah so ... sie haben wirklich einen nüchternen Artikel geschrieben«, stellte er zufrieden fest. »Die Pressestelle ist wohl zurzeit wirklich gut besetzt.«

»Bestimmt läuft es auch schon in den Nachrichten. Es ist sicher nur eine Frage der Zeit, bis die ersten Irren anrufen, die herumirrende Leichenteile gesehen haben wollen.«

Das Telefon auf ihrem Schreibtisch klingelte und sie zuckte zusammen.

»Es geht schon los«, lachte Jan. »Soll ich?«

»Nein, geht schon.« Lisa nahm ab und meldete sich. »Es ist Osnabrück«, flüsterte sie, nachdem sie die Hand auf die Sprechmuschel gelegt hatte. Dann hörte sie eine

Weile zu. Sagte hin und wieder Hm, Ah oder Okay. Dann legte sie wieder auf.

»Helif Number kommt schon morgen.«

»Der Praktikant?«

»Ja, genau der. Man hat gedacht, dass wir so schnell wie möglich Unterstützung bekommen sollten, da wir doch jetzt diesen grausamen Fall zu klären haben.«

»Na klasse«, maulte Jan. »Anstatt Tätersuche üben wir uns dann in der Betreuung eines Ahnungslosen.«

»Er kann nichts dafür«, mahnte Lisa. »Helif Number ist auch nur ein Opfer im Gefüge der Machenschaften da oben.«

»Du hast recht. Wir werden ihm einen schönen Willkommenstag bereiten. Was schlägst du vor? Sollen wir bunte Luftschlangen kaufen und ein bisschen Sekt.«

»Blödmann«, lachte Lisa, denn sie wusste, dass er es nicht ernst meinte. »Lass uns einfach das Beste draus machen. Und noch wissen wir ja gar nichts über Helif.«

»Du hast recht. Und jetzt sollten wir uns die Berichte aus der Gerichtsmedizin angucken. Ich habe gerade noch einmal die Fotos an der Wand studiert. Wenn man nicht allzu genau hinsieht, dann würde man diese Fleischteile gar nicht für Menschen halten.«

»Es sind ja auch keine Menschen«, pflichtete Lisa bei. »Menschen waren das, als alles noch in einem Stück war.«

»Eine interessante abstrakte Betrachtung«, sagte Jan und ging noch einmal zu den Bildern herüber.

»Es sieht irgendwie makaber aus.« Lisa war neben ihn getreten.

»Hoffentlich können wir das auch unserem Praktikanten zumuten«, sagte Jan und meinte es ernst. »Ob es wirklich so eine gute Idee von Osnabrück ist, dass man einen Asylbewerber ausgerechnet zur Kriminalpolizei schickt?«

»Er kommt ja nicht aus einem Busch«, sagte Lisa. »Er hat Medizin studiert und will hier in Deutschland in einem Krankenhaus arbeiten.«

»Oh, das wusste ich ja noch gar nicht.«

»Hatte ich auch noch nicht gesagt.«

»Bestimmt kann er uns dann auch was zu den Schnitten sagen, mit denen die Körperteile abgetrennt wurden.«

»Davon gehe ich aus. Er hat ja während seines Studiums selber an Leichen gearbeitet.«

»Er ist also so ein Zwischending zwischen unserem Täter und uns als Ermittler.«

Lisa lachte. »Du hast manchmal wirklich komische Betrachtungsweisen.«

»Nur so kann man sich überhaupt an die Gedankenwelt von Tätern herantasten«, sagte Jan. »Und trotzdem weiß ich nach so vielen Jahren immer noch nicht, wie so ein Hirn von denen eigentlich funktioniert.«

»Da läuft auf jeden Fall etwas Grundsätzliches schief«, meinte Lisa. »Falsche Verknüpfungen können zu ganz anderen Ergebnissen führen als bei den sogenannten normalen Menschen.«

»Normal ist ein relativer Begriff. Was ist schon normal? Wer hat die Regeln dafür aufgestellt, wie sich Menschen zu verhalten haben, damit sie als normal durchgehen?«

»So betrachtet könnte alles normal sein, was die meisten tun.«

»Massenzwang. Davor hat es mir schon immer gegraut.«

»Aber manchmal hilft es nichts. Wir sind viele Menschen und deshalb muss es eine gewisse Ordnung geben. Das fängt schon mit dem Kindergarten an. Da kann auch nicht jeder machen, was er will. Und in der Schule wird es dann noch schlimmer, weil ja ein gewisses Ergebnis am Ende eines Jahres erwartet wird. Aber dir brauche ich das ja nicht zu erzählen ... du warst doch in der Schule?« Sie schubste ihn am Arm und lachte wieder.

»Also, gerne war ich da ja nicht.«

»Das kann ich mir denken. Sicher hast du in der hintersten Reihe gesessen und nichts gesagt.«

»Stimmt. Ich war ein Eigenbrötler.«

»Und du bist es immer noch. Aber jetzt sollten wir uns mit den Berichten von Ole Meemken befassen. Er hat sich solche Mühe gegeben, dass wir sie schnell bekommen. Und jetzt stell dir mal vor, er ruft gleich an und fragt, was wir davon halten und wir haben sie noch gar nicht gelesen.«

»Oh, das wäre fatal.«

Sie gingen zu ihrem Rechner und Lisa druckte den Bericht zweifach aus. Jeder setzte sich damit an seinen Tisch und nahm erst einmal die Fakten für sich auf. So machten sie es immer, weil jedem in der Regel etwas anderes im Gedächtnis haften blieb. Sie andere Schlüsse zogen und dann den Faden aufnahmen.

»Mindestens sieben Tote«, sagte Lisa mit unterdrückter Stimme. »Ole geht jetzt von sieben Toten aus.«

Auch Jan sah auf. »Es ist noch schlimmer, als wir gedacht haben. So etwas können wir in der Öffentlichkeit unmöglich kommunizieren. Es würde eine Hysterie auslösen.«

»Wo fangen wir jetzt bloß an, nach dem Täter zu suchen?«

»Ich habe ehrlich gesagt keine Ahnung. Aber ich denke, wir sollten jetzt nach Hause fahren und die neue Gartenbank aufstellen.«

»Scheint mir im Moment auch die naheliegendste Entscheidung zu sein«, sagte Lisa ernst. Dann prustete sie los. »Was ist nur mit uns los, Jan?«

»Vielleicht kann Helif uns das verraten, wenn er morgen kommt. Wie spät will er denn hier sein? Und wer entscheidet das eigentlich?«

»Das hat Osnabrück entschieden. Er kommt um zehn Uhr.«

»Oh, dann müssen wir mal pünktlich aufstehen«, grinste Jan. »Komm, lass uns gehen, mir wird die Luft hier zu dünn.«

Doch aus dem gemütlichen Abend auf der neuen Gartenbank würde nichts werden. Kurz vor dem Ausgang wurden die beiden von einem Kollegen von der Streife gestoppt.

»Da ist was reingekommen, das ihr euch unbedingt ansehen solltet«, sagte er mit ernstem Unterton.

»Was ist denn los?«, fragte Lisa. Gedanklich war sie eigentlich schon ganz woanders.

»Es hat einen Notruf gegeben aus Norddeich«, fuhr der Kollege fort und lief schon zu einem der Ermittlungsbüros.

Jan und Lisa gingen ihm nach.

Der Kollege tippte mit dem Finger auf ein Foto, das auf seinem Bildschirm flimmerte. Es gab viel Wasser und vorne eine Art Schaum zu sehen. Vielleicht Gischt.

»Okay, Wasser«, sagte Jan. »Ich verstehe nicht ganz.«

»Dann guckt euch den Schaum doch einmal genauer an«, empfahl der Kollege.

Jan und Lisa standen jetzt ganz nah am Schreibtisch und beugten sich herab.

»Der ist rosa«, sagte Lisa als Erste. »Wie kann das sein?«

»Tja, das fragen sich die Kollegen von der Küstenwache auch«, sagte der junge Mann, den Jan höchstens auf Mitte zwanzig schätzte. Vielleicht machte er deshalb einen auf cooler Typ à la Russell Crowe, damit man ihn ernst nahm. »Sie denken, dass da Blut ist.«

»Und eine Leiche?«, fragte Lisa. »Oder Leichenteile?«

»Fehlanzeige«, erwiderte er und wischte sich über den Dreitagebart. »Irgendwelche Spaziergänger haben ihn entdeckt. Aber sonst war da nichts. Nur dieser rötlich schimmernde Schaum. Sie dachten an einen Chemieunfall oder einen Anschlag gegen die Natur.«

»Gegen die Natur?«, fragte Jan. Was sollte denn das bedeuten.

»Ja, weiß ich auch nicht genau, was die damit meinen. Aber sie wollten auf jeden Fall, dass ihr davon erfahrt, weil ihr doch diese Leichenteile am Hals habt.«

»Danke«, sagte Lisa. »Für uns kann alles wichtig sein. Ich denke, wir fahren da einfach mal hin. Oder Jan?«

Dieser nickte und sie gingen zum Wagen, nachdem der Kollege ihnen den genauen Fundort notiert hatte.

Als sie in Norddeich ankamen, hatten die Kollegen den Bereich, wo dieser ominöse Schaum aufgetreten war, großzügig abgeriegelt. Das meiste davon war schon vorsichtig aus dem Wasser gehoben und in sterile Behälter gekippt worden.

»Das wird in Oldenburg untersucht«, sagte ein bärtiger Kollege und schaute auf seine gelben Gummistiefel. »Hoffentlich nehmen die das Zeug nicht an. Wer weiß denn, was heutzutage alles ins Meer gekippt wird.«

»Tja, das weiß wohl keiner mehr so genau«, meinte Jan. »Gut, dass ihr uns Bescheid gesagt habt.«

»War doch klar, nach dem, woran ihr da gerade arbeitet. Seid ihr denn schon weitergekommen?«

»Nein, wir haben heute erst den Bericht aus der Gerichtsmedizin bekommen. Es sind mindestens sieben Tote.«

»Jesses. Und dann alle in Kleinteile geschnitten. Mann oh Mann.«

Er wandte sich wieder seinem Eimer zu und schleppte weiter.

Jan und Lisa gingen am Strand entlang und sahen aufs Meer.

»Man hat hier eine gute Sicht vom Festland«, sagte Lisa. »Er muss es in der Nacht hier rausgebracht haben.«

»Was denkst du denn, was es ist?«, fragte Jan zurück.

»Keine Ahnung. Vielleicht hat er die Leichenteile gewaschen und das sind jetzt die Rückstände.«

»Und warum kippt er die ins Meer? Das alles hätte er doch zuhause bequem durch die Toilette jagen können.«

»Das stimmt. Das ist komisch. Allerdings werden auch im Abwasserkanal immer mal wieder Proben genommen. So hätte man ihm auf die Schliche kommen können. Das, was wir da jetzt am Strand sehen, ist bestimmt noch nicht alles. Er hat einfach nur Pech gehabt und der Wind hat vielleicht gedreht. So ist dann ein Teil hier gelandet. Wer weiß, wie viel er wirklich ins Meer gekippt hat.«

»Das werden wir wohl nie erfahren. Machst du noch ein paar Fotos? Dann können wir glaube ich wieder nach Hause fahren«, schlug Jan vor.

Lisa ging zu dem Behälter, in dem der rosa Schaum stand, und zog ihr Handy raus. Kurz darauf saß sie neben Jan im Wagen und sie fuhren die blaue Gartenbank endlich nach Hause. Sie hatte doch in seinen Wagen gepasst.

Wer ist Helif Number?

Sie hatten noch bis weit nach Mitternacht über den Bericht von Ole Meemken und den rosa Schaum diskutiert. Sie konnten sogar noch bis kurz nach neun draußen auf der neuen Gartenbank sitzen und stellten sich jeder einen Stuhl für die Füße davor.

Chief hatte sich ins Gras gelegt und sie bewacht.

Irgendwann war auch das Thema auf die Jugend-WG ganz in ihrer Nähe gekommen. Und Jan hatte festgestellt, dass man sich manchmal nur in seinem weiteren Umfeld umsehen müsste, um die Wahrheit zu erkennen. Doch Lisa verstand nicht ganz. Sie hatte es wieder mal auf sich bezogen und gefragt, welche Wahrheit er darin erkennen würde, dass sie nun schon so lange bei ihm wohne. Was sagt das über Lisa Berthold aus?, hatte sie mit ernster Miene gefragt. Jan hatte kurz überlegt und mit noch ernsterer Miene geantwortet, dass sie wohl einen guten Geschmack besäße.

Und so war der Abend in Harmonie ausgeklungen und jeder war in sein Zimmer verschwunden, als Lisa die Kerze auf dem Tisch in der Küche gelöscht hatte, wo sie, bis sie müde wurden, auf dem Sofa gesessen hatten.

Im Bett hatte Jan noch lange den Wolken zugesehen, die vor seinem offenen Fenster vorbeizogen. Wie lange würde Lisa noch bleiben? Er spürte, dass sie voller Zweifel und nicht wirklich glücklich war.

Am nächsten Morgen wurde Lisa von den ersten Sonnenstrahlen geweckt. Das Leben war schön. Dieses Haus war schön. Die Gartenbank war schön.
»Ja, du bist auch ein ganz Schöner«, sagte sie lachend zu Chief, der sich auf ihr Bett geschlichen hatte und sie jetzt mit treuem Blick ansah. »Lass uns aufstehen, es riecht schon nach frischem Kaffee.«

Und tatsächlich war Jan noch vor ihr aufgewacht und hantierte bereits in der Küche herum. Als Lisa im Bad verschwunden war, ging Chief zu ihm in die Küche.
»Du musst mir nichts vormachen«, sagte Jan, »ich sehe doch die Federn aus Lisas Bett hinter deinem Ohr.« Er ging neben dem Hund in die Hocke und legte seine Arme um ihn. Der Hund verstand nicht ganz, fand diesen Beweis der Zuneigung wohl gar nicht so übel, und schleckte über das Ohr seines Herrchens. Warum können wir Tieren so unverblümt unsere Zuneigung schenken?, fragte sich Jan. Und wieso ist es bei Menschen so verdammt schwer? Am Ende war es wohl nur die Angst vor Zurückweisung, die man bei Hunden niemals erleben würde.

»Du bist ja früh auf«, sagte Lisa, als sie mit nassen Haaren in die Küche kam und mit einem Handtuch über ihren Kopf rubbelte.

»Wir dürfen nicht zu spät kommen, schon vergessen?«

»Helif kommt aber erst um zehn. Und jetzt ist es gerade mal halb acht.«

»Ich wurde von der Sonne geweckt«, sagte Jan. »Es war doch ein schöner Abend gestern, findest du nicht?«

»Sicher.« So etwas hatte Jan noch nie gesagt. Er benutzte nicht die Floskeln des Rests der Menschheit, um seine Eindrücke und Gefühle mitzuteilen. Verwirrt ging sie ins Bad, um sich zu kämmen.

Um kurz nach neun kamen sie schließlich in der Dienststelle an.

»Wir werden am ersten Tag kein gutes Bild für unseren Praktikanten abgeben, wenn er sieht, wie wenig Hinweise wir bisher gesammelt haben«, meinte Lisa.

»Ach, er wird es verkraften«, sagte Jan und ging noch einmal zu der Pinnwand mit den Fotos. »Wäre es nicht eigentlich logischer gewesen, der Täter hätte alle Hände in einen Sack getan, alle Füße in einen anderen und so weiter?«

»Wenn er ein ordnungsliebender Mensch wäre, sicher«, antwortete Lisa und kam zu ihm.

»Doch dann hätten wir vielleicht eher herausfinden können, um welche Personen es sich handelt. Aber auch nur vielleicht.«

»Aber dabei vergisst du eines«, merkte Lisa an. »Er hat den Sack ja nicht absichtlich heruntergeworfen. Er wollte ja gar nicht, dass wir überhaupt irgendetwas untersuchen.«

»Bist du sicher?«

»Eigentlich schon.« Auch Lisa bekam jetzt Denkerfalten auf die Stirn. »Oder glaubst du etwa, er hat den Sack extra auf die Straße geworfen?«

»Nein. Davon gehe ich nicht aus. Er hat bestimmt nicht nur einen Sack transportiert. Und dann ist etwas schiefgelaufen. Entweder hat er einen Kastenwagen benutzt, und die Tür ist unplanmäßig aufgegangen, oder es war ein Anhänger, der nicht richtig geschlossen war.«

»Ein Trecker wird es wohl nicht gewesen sein«, meinte Lisa und grinste.

»Wieso eigentlich nicht? Hier gibt es doch noch jede Menge Bauern.«

»Dann hätte ihm bestimmt jemand Bescheid gesagt, dass er etwas verloren hat, bei dem Schneckentempo.«

»Ja, auch wenn es lächerlich ist, hast du recht. Er war bestimmt nicht langsam unterwegs. Vielleicht sollten wir mal die Radarfallen nach Pkw mit Anhänger und

Kastenwagen checken, die ein Knöllchen bekommen haben.«

»Ich mach das«, sagte Lisa sofort. Sie war so froh, endlich einen Anhaltspunkt zu haben, wonach sie suchen konnte.

Sie saßen beide an ihrem Schreibtisch und scrollten die Vermisstendatei durch, als es zaghaft an der Bürotür klopfte.

»Herein!«, rief Lisa und sah von ihrem Rechner auf.
Die Tür ging auf und Helif Number kam herein. Es konnte nur er sein, dachte sie, weil er von dunkler Hautfarbe war.

»Helif Number?«, fragte sie und lächelte ihn an.
»Yes«, antwortete der junge Mann und strahlte zurück. »I'm right here at the Police Aurich?«

Neugierig sah auch Jan auf. Helif war ihm auf Anhieb sympathisch. Er kam um seinen Schreibtisch herum und ging mit ausgestreckter Hand auf ihn zu. »Jan Krömer, you're right. Speek any German?«

»Yes ... hm ja, ein bisschen«, antwortete Helif.
»It's good«, sagte Jan, »we are speaking only Plattdeutsch. It's a little bit like englisch.«

»He, Blödmann, du sollst ihn nicht verarschen«, sagte Lisa und stand kurz darauf neben ihm.

»Ist doch nur Spaß. Hol uns doch gleich mal einen Ostfriesentee, damit er weiß, wie hart unser Alltag als Ermittler hier ist. This is Lisa Berthold.«

»Great«, sagte Helif, »Ich bin Helif Number und ich habe sehr gut verstanden.« Er grinste.

»Scheiße, wir sind überführt.« Jan packte ihn bei der Schulter und führte ihn zum Besuchertisch. »Du bist Arzt?«, fragte er.

»Oh no, ich habe in Angola Humanwissenschaften studiert. Das ist etwas different.«

»Allerdings«, sagte Jan. »Was hast du da denn wieder erzählt, Lisa?«

»Ich?«, fragte sie entrüstet, »wahrscheinlich haben die da oben wieder alles falsch interpretiert. Ich hol uns Kaffee.«

Sie verschwand.

»Hast du es dir freiwillig ausgesucht, nach Deutschland zu kommen?«, fragte Jan, als er und Helif sich gesetzt hatten.

Dieser zog die Stirn in Falten. »Sure, Germany is great.«

»Hm.«

»Ich möchte meine Familie zuhause unterstützen. Sie sollen stolz auf mich sein.«

»Das kann ich verstehen. Wie sieht denn dein berufliches Ziel aus? Willst du zur Polizei gehen?«

»Das weiß ich nicht. Muss ich gucken, was kommt.«

»Auf gute Zusammenarbeit«, sagte Jan aufrichtig. »Und heute Abend zeigen wir dir erst einmal die blaue Gartenbank.«

Helif wanderten Fragezeichen über die Stirn.

»Wo wohnst du eigentlich?«, fragte Jan.

»Bei Marianne und Horst Ritter in Aurich.«

»Also nicht in einer Unterkunft?«

Helif zog die Schultern hoch. »Unterkunft?«, frage er zurück.

»Ich meine, du bist doch Asylbewerber. Und die wohnen in der Regel in einer gemeinsamen Unterkunft, einer gemeinsamen Wohnung.«

»Oh no, ich bin kein Asylbewerber«, sagte Helif. »Ich bin zu einem Austausch hier.«

Auch das hatten die Pfiffis in Osnabrück in den völlig falschen Hals bekommen. Es würde keinen Tralala Artikel über die tolle Integrationsbereitschaft der Polizei geben, weil es sich schlicht nicht um einen Asylbewerber, geschweige denn um einen Flüchtling handelte. Das freute ihn diebisch.

Lisa kam mit einem Tablett zurück, auf der drei Kaffeebecher und sogar ein Teller mit Keksen standen.

»Das sind die üblichen Bürokekse«, sagte Jan und nahm sich ausnahmsweise mal einen davon. »Ich werde mich nie daran gewöhnen.«

Die Drei unterhielten sich über den aktuellen Fall, an dem sie arbeiteten. Helif berichtete von den Unruhen in seinem Land und dass er nie würde verstehen können, warum es in Deutschland immer noch zu solchen Gewaltverbrechen kam. Er jedenfalls hätte immer gedacht, dass man in diesem reichen Land schon weiter sei und den anderen respektiere und schätze.

Tja, was sollten Jan und Lisa darauf sagen. Sie kannten ja nicht mal den Namen ihrer nächsten Nachbarn. Abgesehen von Alex Crane auf dem Hof mit den Jugendlichen. Und auch zu ihnen unterhielten sie keinerlei Kontakt mehr. Nur ab und zu schien Chief bis dorthin zu laufen, denn er kam manchmal mit einem Kauknochen aus der Richtung zurück.

»Ich guck mal, ob es schon etwas zu dem Fund in Norddeich gibt«, sagte Lisa und ging zu ihrem Schreibtisch.

»Hast du auch eine eigene Familie?«, fragte Jan.

»No wife«, antwortete Helif, »aber meine Eltern und noch sieben Geschwister.«

»Wow, das muss ja echt laut bei euch sein«, meinte Jan, der alleine aufgewachsen war. Früher, da hatte er sich immer eine Schwester gewünscht. Warum denn nicht einen Bruder?, hatte sein Vater verständnislos gefragt und da schon begonnen zu argwöhnen, dass mit seinem Sohn etwas nicht stimmen könne.

»Yeah, in unserem Dorf war immer was los. Ich bin der Einzige in der Family, der studiert hat. Es haben alle mitgeholfen, damit ich auf die Uni gehen kann.«

»Das muss ein schönes Gefühl sein, wenn man so einen Zusammenhalt spürt.«

»Ich habe nie darüber nachgedacht ... but, yeah, it's great to have a big Family.«

Helif wirkte so fröhlich, dachte Jan. Wenn man das mit den Bildern verglich, die man immer stoßweise in den Nachrichten sehen konnte, die überwiegend Elend und traurige Gesichter zeigten, dann passte da irgendwas nicht zusammen. Vielleicht wurde so etwas bewusst gemacht, damit man hier in Deutschland dachte, dass alles wunderbar sei. Doch das war es nicht. Er wusste es besser.

Und er fragte sich immer, warum es selbst nach so vielen Jahren der Bemühungen in der Entwicklungshilfe auf dem schwarzen Kontinent nicht wirklich vorankam. Steckte ein System dahinter, damit man das Land ausbeuten und unterdrücken konnte? Doch das alles sagte er jetzt nicht. Es hätte besserwisserisch geklungen. Und er hatte nicht den Eindruck, als ob Helif Number einer war, der in Sachen Realität Nachhilfeunterricht von ihm brauchte. Er freute sich auf die Zusammenarbeit.

»Ole hat einen Bericht geschickt«, sagte Lisa, »es waren menschliche DNA in dem rosa Schaum nachweisbar.«

»Was hat das zu bedeuten?«, fragte Jan und ging zu ihrem Schreibtisch rüber.

»Keine Ahnung. Aber der Verdacht liegt nahe, dass es etwas mit dem Fund der Leichenteile zu tun hat. Sowas ist doch kein Zufall.«

»Aber was genau bedeutet dieser Schaum? Das würde doch bedeuten, dass der Täter seine Opfer zu ... tja, zu was eigentlich verarbeitet hat?«

»Vielleicht hat er sie gekocht«, sagte Lisa und verzog das Gesicht.

»Das wäre eine Möglichkeit. Oder er hat sie so klein gemahlen, dass nur noch ein Brei von ihnen übrigblieb.«

»Und den hat er dann ins offene Meer gekippt? Ich gehe nie wieder in der Nordsee schwimmen, das schwöre ich dir.« Angewidert verschränkte Lisa die Arme vor dem Bauch.

»Dafür gibt es noch zig andere Gründe«, murmelte Jan. Er hatte sich auf Lisas Schreibtischkante gesetzt und sah ratlos zu Helif.

»What can I do?«, fragte dieser und stand im nächsten Moment neben ihm.

»Tja, im Moment sind wir einfach nur baff, wozu die Menschen fähig sind«, sagte Jan.

»Baff?« Helif hatte Fragezeichen im Gesicht.

»Wir wissen nicht weiter«, trifft es besser, ergänzte Lisa. »It is too much.«

»Oh, yeah. Dann bin ich auch baff«, sagte Helif und lachte.

»Hat die Anfrage wegen der Knöllchen schon was gebracht?«, fragte Jan und sah Lisa an.

»Nein, bisher nichts. Sie haben zwar Leute erwischt, die zu schnell unterwegs waren. Aber das waren überwiegend Limousinen ohne Anhänger. Eben der typische Einkaufsstress am Wochenende.«

»Hm. Es gibt einfach zu viele Leute, die Kastenwagen fahren oder einen Anhänger benutzen. Wir können unmöglich alle befragen.«

»Nein, das macht keinen Sinn. Aber welchen Filter sollen wir ansetzen? Männer über vierzig oder darunter?«

»Männer an sich wäre ja schon mal was«, meinte Jan. »Denn das hat ganz sicher keine Frau gemacht.«

»Niemals«, sagte Lisa. »Frauen vergiften ihre Opfer, aber zersägen sie nicht.«

»Also müssen wir alle Zulassungen auf Männer überprüfen?«

»Genauso sinnlos«, meinte Lisa. »Denk doch mal daran, wie viele das sind. Und wir wissen ja auch nicht, wo der Wagen gemeldet ist. Alleine im Kreis Aurich wäre das eine Mammutaufgabe. So kommen wir nicht weiter.«

»Und aus der Bevölkerung gibt es auch keine Hinweise«, meinte Jan. »Es ist so ... tja, wie soll man das nennen, wenn man vor dem Nichts steht.«

»Ein schwarzes Loch, in dem Menschen verschwinden«, schlug Lisa vor.

Mittlerweile war es schon früher Nachmittag, und die Drei beschlossen, nach Tannenhausen zu fahren und sich dort etwas zu essen zu machen.

Auf Beutetour

An diesem Tag hatte er sich im wahrsten Sinne des Wortes die Hacken abgerannt. Den ganzen Tag war er an den typischen Plätzen mit den lukrativsten Mülltonnen vorbeigegangen. Doch irgendwie lief das Geschäft heute nicht gut. Ob es daran lag, dass er eine Stunde später als sonst aufgestanden war? Das konnte einem wohl das ganze Geschäft kaputtmachen. Immer war schon jemand vor ihm da gewesen.

Aber er wollte sich jetzt nicht grämen. Die Nacht mit Lotte machte wirklich alles wett. Er hatte sie durch Zufall gestern Abend auf einer Bank vor dem großen Kaufhaus in der Emder Innenstadt getroffen. Sie war schon über fünfzig, was er ihr zunächst nicht glauben wollte. Sie war ein verdammt flotter Feger. Ihre Kurven unter dem engen Shirt hatten ihn ganz schön ins Schwitzen gebracht. Er hatte sie noch nie vorher gesehen, obwohl sie auch schon lange on Tour war, wie sie es nannte. Verpatzte Ehe, der Mann irgendwann abgehauen, hatte sie mit den Kindern im Stich gelassen. Als die dann aus dem Haus waren, hatte sie das Trinken perfektioniert, wie sie lachend erzählte. Er hatte nicht den Eindruck, dass sie irgendwas im Leben wirklich bereute. Das gefiel ihm. Als er ihr seine Geschichte erzählt hatte, sah sie ihn traurig an.

Er war ein leitender Ingenieur gewesen, der privat in finanzielle Schwierigkeiten geraten war, weil seine Frau alles Geld zum Fenster rauswarf, anstatt die Raten für das Haus und die Versicherungen zu zahlen. Er hatte ihr vertraut und alles, was zur Regelung des Alltags gehörte, überlassen, weil er es von Zuhause so gewohnt war. Das war der große Fehler gewesen, erzählte er. Plötzlich stand er vor der Pfändung. Seine Frau hatte sich mit irgendeinem Kerl aus dem Staub gemacht.

Es kam eins zum andern, sein Ruf war ruiniert. Er konnte seine Schulden nicht mehr pünktlich zahlen und verlor schließlich seinen Job. Und das mit Mitte fünfzig. Da war Schicht im Schacht. Es gab ein bisschen Arbeitslosengeld, auf das zuerst die Gläubiger zugriffen. Und er griff zur Flasche, wohnte in einer kleinen schäbigen Ein-Zimmer-Wohnung und hatte mit sich und dem Leben abgeschlossen.

Nach einem Jahr saß er auf der Straße und schlug sich mit dem Sammeln von Leergut durch. Er hatte viele Freunde, die so lebten wie er. Das alleine hielt ihn emotional über Wasser.

Das war seine Version der Geschichte.

Hätte man seine Frau jetzt fragen können, dann hätte sie gesagt, dass er schon nach fünf Jahren ihrer Ehe angefangen habe, zur Flasche anstatt nach ihr zu greifen.

Er ließ alles schleifen, kümmerte sich nicht mehr um Terminangelegenheiten, so dass sie mehrmals zur Bank musste, und sich Ausreden einfallen lassen durfte. Schließlich hatte sie sich um alles gekümmert, damit nicht alles den Bach runterging. Er schlief abends meistens im Suff auf der Couch ein. Irgendwann war es auch in seinem Job zu Schwierigkeiten gekommen, weil er Entwürfe für Neubauten nicht termingerecht fertighatte. Sein Chef fühlte sich in Meetings von ihm bloßgestellt. Es gab Abmahnungen. Und schließlich die Kündigung in beiderseitigem Einvernehmen mit einer kleinen Abfindung, die schnell in Schnaps umgesetzt war. Irgendwann war sie gegangen, weil sie nicht mehr an ihn herankam und keine Kraft mehr hatte, sich um ihn zu kümmern.

Doch diese Seite blendete er gerne aus und erzählte allen, die er neu kennen lernte, seine Geschichte. Und Lotte hatte ihn nur allzu gerne zum Trost an ihren großen Busen gedrückt. Er lächelte in sich hinein. Sie hatten sich zwar nicht konkret verabredet, doch er war sich sicher, sie wieder am Abend zu treffen.

Mit seiner kleinen Ausbeute setzte er sich jetzt auf eine Bank im nahegelegenen Park. Es war noch ein paar Stunden hin, bis das Nachtleben in Emden begann. Er zog sein Päckchen Tabak aus der Jackentasche und drehte sich mit den letzten Krümeln mühsam eine Zigarette.

»Kann ich Ihnen eine anbieten?«, hörte er plötzlich eine Stimme neben sich und sah auf. Vor ihm stand ein Mann und hielt ihm eine Schachtel hin. Er kannte ihn nicht und sah ihn fragend an.

»Sie können ruhig eine nehmen«, sagte dieser. »Darf ich mich zu Ihnen setzten?«

»Die Bank gehört mir ja nicht«, sagte er und zog sich eine Filterzigarette heraus. »Danke.«

»Kein Problem. Es geht ja jedem mal mies.«

»Sieht man mir das etwa an?«, fragte er und lachte. So offen sprach kaum jemand mit ihm, der noch auf der angenehmeren Seite der Gesellschaft lebte. War er etwa ein Sozialarbeiter und wollte ihn wieder auf den rechten Pfad bringen?

»Ich beurteile Menschen nicht nach ihrem Aussehen«, sagte der Mann. »Aber Sie sind ein feiner Kerl.«

»Na ja ...«

»Doch, das erkenne ich an der Art, wie Sie eben die Zigarette gedreht haben.«

»Sie verarschen mich wohl.«

»Nein, ich meine es ernst. Sie haben ein Fingerspitzengefühl, das vielen Menschen in dieser hektischen Welt heutzutage fehlt. Sie besinnen sich noch auf die kleinen Dinge im Leben.«

Wovon redete der Mann da?, fragte er sich. Ausrauben wollte er ihn wohl kaum, es gab bei ihm nichts zu holen. War er von einer Sekte und auf der Suche nach einem neuen Mitglied? Dann konnte er gleich abziehen, Kirche ging ihm schon lange am Arsch vorbei.

»Sie fragen sich sicher gerade, was ich von Ihnen will, habe ich recht?«, fragte der Mann jetzt.

»Na ja ...«

»Sicher sind Sie es gewohnt, dass man über Sie wie ein lästiges Insekt hinwegsieht. Man erkennt Sie nicht mehr als ebenbürtiges Mitglied der Gesellschaft an.«

Langsam wurde er ihm unheimlich.

»Wieso erzählen Sie mir das alles«, fragte er. »Sorry, wenn ich das frage, aber normal ist das nicht.«

»Nur, weil Sie es nicht mehr gewöhnt sind, dass Sie dazugehören, so wie jeder andere auch, der jeden Tag ins Büro geht.«

»Sind Sie so eine Art Moralapostel?«, fragte er vorsichtig, »und wollen mich wieder auf den rechten Weg bringen? Dann sollten Sie die Finger von mir lassen, ich komme gut zurecht, so wie es ist.«

»Oh, dann haben Sie mich missverstanden«, sagte der Mann. »Ich brauche Sie genau so, wie sie jetzt gerade sind.«

Dann wurde es dunkel um ihn. Er merkte nicht, wie er kurz darauf in einen Rollstuhl, den der Fremde aus dem Gebüsch gezogen hatte, gesetzt wurde.

Und jetzt?

Nachdem es keine weiteren Hinweise aus der Bevölkerung gab und auch die Nachforschungen zu den Knöllchen nichts brachten, versuchten Jan und Lisa am Abend beim Essen, mit Hilfe von Helif, ein System in den Fall zu kriegen.

»Es ist ein Verrückter im Raum Aurich unterwegs, den müsste man doch finden können«, meinte Lisa, als die Dämmerung heraufzog und es langsam kalt wurde auf der Terrasse. Sie hatten draußen gegessen und die schöne Luft genossen.

»Bei der Menge an Kandidaten wird das nicht so einfach werden«, entgegnete Jan und schenkte für alle nochmal Rotwein nach. »Und ehrlich gesagt gehe ich davon aus, dass er sich in der Gesellschaft vollkommen normal und unauffällig benimmt. Er ist keiner, der den ganzen Tag um Anerkennung buhlt, er agiert im Stillen. Vielleicht hat er seine Freude daran, dass niemand es ihm ansieht, was wirklich in ihm vorgeht.«

»Sicher hast du recht«, gestand Lisa ein und zog ihren Strickpullover über den Kopf, den sie bisher nur um die Schultern gelegt hatte.

»Wir können auch reingehen«, meinte Jan, dem selber langsam kühl wurde.

»Gleich«, meinte Lisa, »es ist so schön, wenn das Dämmerlicht sich über den Wald legt. Hier draußen sieht es noch viel interessanter aus, als wenn man es vom Fenster aus beobachtet.«

Helif sah von einem zum anderen, als ob er sich fragte, worüber die beiden eigentlich sprachen. Hatte man in Deutschland keine anderen Sorgen, als sich über das Dämmerlicht zu unterhalten?

»Seid ihr immer alleine hier?«, fragte er schließlich.

»Wer sollte denn noch hier sein?«, fragte Jan zurück.

»Familiy oder so. Ich meine, so ein großes Haus, und ihr beiden sitzt hier alleine, jeden Abend? Das ist doch traurig.«

So hatten Jan und Lisa das noch nie gesehen. Sie wechselten Blicke und dann sagte sie: »Wir könnten uns nicht über unsere Fälle unterhalten, wenn noch andere mit uns essen würden. Wir genießen es gerne so, wie es ist. Einsam würde ich das nicht nennen, du, Jan?«

Jan schüttelte mit dem Kopf. »Nein, mir fehlt niemand sonst.«

Doch er verstand auch, was Helif gemeint hatte. Vielleicht lief es nur in Deutschland so schief, da sich immer mehr Menschen in ihre eigenen Wände zurückzogen und für sich blieben. Er hatte mal gehört, dass zum Beispiel italienische Familien es liebten, in großem Kreis der Familie und Freunde um einen Tisch herum versammelt zu essen und zu feiern. Aber ob das heute noch so war? Wer wusste das schon. Er jedenfalls vermisste nichts.

»Was glaubt ihr eigentlich, wie unser Täter so lebt?«, fragte er, um wieder auf das Wesentliche zurückzukommen.

Lisa setzte ihr Weinglas an und runzelte die Stirn. »Ich denke, er ist ein Einzelgänger, muss aber deshalb nicht alleine leben. Vielleicht ist er um die fünfzig, verheiratet und hat zwei erwachsene Kinder. Seinen Job erledigt er in irgendeinem Handwerkerbetrieb. Davon gehe ich aus, weil es sicher einiges an Kraft erfordert, die Leichen zu zerteilen und dann zu transportieren.«

»Und wo hat er sein Lager?«, fragte Jan. »Er wird die Toten sicher nicht unbehelligt im Keller aufbewahren können, wenn er eine Frau hat.«

»Das stimmt. In dem Fall hat er vielleicht eine alte Lagerhalle, die nicht mehr genutzt wird, angemietet.«

»Das wäre ein guter Ansatz. Würdest du dich morgen darum kümmern?«

»Geht klar. Und was denkst du selber?«

»Ich könnte mir vorstellen, dass er um die vierzig ist und noch bei seinen Eltern oder zumindest bei einem Elternteil im Haus lebt. Sie wissen nichts von dem, was er in seiner Freizeit macht. Vielleicht haben sie einen großen alten Hof und er verrichtet dort sein perfides Werk. Denn es könnte sein, dass zum Beispiel seine Mutter bettlägerig ist und sowieso nicht mehr rauskommt.«

»Hört sich gruselig an«, meinte Helif. »Ich muss noch viel in Deutschland lernen.«

»Das würde ich lieber lassen«, antwortete Jan spontan. »Es ist mir ein Rätsel, warum alle glauben, dass es bei uns nur schön sein soll.«

»Tja, das wundert mich auch immer«, sagte Lisa. »Aber jetzt wird mir wirklich ein bisschen zu kalt. Wir sollten reingehen.« Sicher hatte auch das verstörende Thema dazu beigetragen, dass ihr jetzt eine Gänsehaut über den Arm lief. Durch die Anwesenheit von Helif wurde das diffuse Gefühl bestärkt, dass etwas in ihrem Leben schieflief.

Als sie drinnen saßen, erzählte Helif von seiner Familie, an die er die meiste Zeit denke. Nein, er kam nicht aus einem armen Dorf, in dem man jeden Tag um sein Leben bangte. Und er sah es als ein großes Geschenk an, dass er zu den Privilegierten gehörte, dass er eine gute

Schule besuchen konnte und jetzt sogar studierte. Doch über allem würde er nie vergessen, wo seine Wurzeln waren, wo er herkam. Er sorgte sich um seine Familie und um sein ganzes Land.

»Und wenn ich fertig bin mit meinem Studium, dann werde ich etwas für meine Brüder und Schwestern tun«, sagte er feierlich, als es schon nach Mitternacht war. »Irgendwann muss es doch soweit sein, dass nicht mehr so viele Kinder sterben jeden Tag, weil sie nicht genug zu essen bekommen.«

Die Gegend um Lisas Herz zog sich zusammen.

»Du hast recht, man kann einfach nicht verstehen, warum noch immer so viel Elend auf der Welt herrscht, wo in der westlichen Welt doch alle so reich sind und so unendlich viel wegwerfen jeden Tag. Damit könnte man viele Kinder retten.«

»Das ist glaube ich der falsche Ansatz«, meinte Jan. »Die Menschen in der Dritten Welt brauchen keine Almosen von uns. Wir müssten endlich aufhören, diese Länder auszubeuten, dann wäre schon einiges getan.«

»Ich bin jetzt müde«, sagte Helif.

»Du kannst hier auf der Couch schlafen, wenn du willst«, bot Jan an.

Helif nickte. »Good idea.« Dann ging er ins Badezimmer.

Jan lag noch lange wach, als Lisa und Helif schliefen. Er starrte an die weiße Decke, auf der die Schatten der Bäume mit dem Mondlicht spielten. Er lebte in einer kranken Welt und kümmerte sich darum, die am stärksten vom Wahnsinn betroffenen herauszufiltern und einzusperren, damit der Rest von ihnen in Ruhe weiter in ihrem kleinbürgerlichen Leben verharren konnte. Es war sicher der Zeit geschuldet, dass er so dachte. In der Nacht zwischen drei und vier Uhr schlief er schließlich ein und träumte von einem leeren Planeten, auf dem sich alle Tiere versammelt hatten und ein großes Fest feierten.

Lisa war die Erste, die am nächsten Morgen wach wurde. Sie hatte traumlos geschlafen und rieb sich übers Gesicht. Mit Helif wurde irgendwie alles anders, war das Erste, was sie dachte. Plötzlich stellte sie ihr Leben noch mehr in Frage, als sie es sowieso schon den ganzen Tag machte. Andere würden es vielleicht Sinnsuche nennen. Doch für sie war es noch viel mehr. Sie fragte sich, wie lange sie das Ganze noch durchhalten würde. Von einem Sinn, der in ihrem Handeln lag, ging sie schon lange nicht mehr aus. Und das mochte auch daran liegen, dass sie jetzt praktisch Tag und Nacht mit Jan zusammen war. Was ihr am Anfang gut getan hatte, entwickelte sich immer mehr zu einem dunklen Sog nach unten. Sie wurde immer mehr zu ihm.

Sie schüttelte sich und streckte einen Fuß unter der Bettdecke hervor. Ein kalter Schauer fuhr über ihren Rücken. Doch sie wollte sich jetzt nicht gehen lassen. Sie hatte einen Job zu erledigen. Wenn sie schon nicht ihr eigenes Leben retten konnte, so sollte sie wenigstens versuchen, das von anderen vor Mördern zu verschonen.

Als sie unter der Dusche stand, wurde es ihr wärmer. Und als sie an der Duschlotion roch, die einen Duft nach Bergamotte verströmte, da schaffte sie es sogar, ihren Job und das Leben hier in Tannenhausen wieder positiver zu sehen.

Als sie in die Küche kam, hatte Helif schon einen Kaffee gekocht und den Tisch gedeckt.

»Guten Morgen Helif, du bist aber früh auf«, sagte sie und setzte sich aufs Sofa, auf dem Chief gespannt dabei zusah, was der neue Mitbewohner da machte.

»Ich schlafe nie lange«, sagte Helif. »Der Tag ist dazu da, dass man aktiv ist.«

»Sag das mal diesem Schlafbären«, lachte Lisa und kraulte Chief über den Kopf. Er war gestern Abend, bis sie ins Haus gegangen waren, nicht zurückgekehrt von seiner Exkursionstour und jetzt war sie froh, dass es ihm gut ging.

Dann kam Jan in die Küche. Er grüßte beide und setzte sich ebenfalls.

»An so einen Service könnten wir uns gewöhnen, du solltest vorsichtig sein, Helif«, sagte er und griff als Erstes zum Kaffeebecher.

»I do my very best«, lachte Helif.

»Ja, im Ernst, du kannst hier wohnen, solange du mit uns arbeitest«, schlug Jan vor. »Und zwar nicht nur, damit du uns verwöhnst. Es macht wirklich Sinn, wenn man viel Zeit miteinander verbringt, wenn man an einem Fall dran ist. Jeder Gedankengang kann dann sofort in die Ermittlungsarbeit einfließen.«

Helif dachte kurz nach und sagte: »Ich werde es mit meinen Gasteltern besprechen. Aber sicher haben sie nichts dagegen.«

»Das wäre toll«, stimmte auch Lisa zu. »Ich denke, auch versicherungstechnisch dürfte das kein Problem sein.«

Sie frühstückten und es fühlte sich gut an, dass mehr Leben in den Hof einkehrte. Bevor sie losfuhren, musste Helif sich noch ausgiebig von Chief die Hände ablecken lassen.

»Das ist ein gutes Zeichen«, meinte Jan. »Er mag dich.«

Das Ende

Er musste würgen, als er die Augen wieder aufschlug.

»Wo bin ich?«, fragte er matt, als er wahrnahm, dass er sich kaum bewegen konnte. Er versuchte, seinen Blick zu schärfen. Doch es war zu dunkel. Und es roch modrig. Und dann war da noch ein anderer Geruch, den er sich nicht erklären konnte. Er erregte diesen enormen Brechreiz.

»Wo verdammt nochmal bin ich hier?«, fragte er jetzt mit stärkerer Stimme und versuchte, sich irgendwie zu drehen. Doch das ging einfach nicht. Etwas hielt ihn zurück. Er hob seinen Kopf. Mehr ging nicht. Die Füße und die Arme waren an das Bett, oder was immer es war, worauf er hier lag, gefesselt.

Er wollte Hilfe rufen, als er plötzlich ein Geräusch hörte. Da hantierte jemand herum. Etwas Hartes schlug gegen das Bett.

»Wer sind Sie?«, fragte er jetzt ängstlich. »Ich habe Ihnen nichts getan. Warum machen Sie das mit mir?« Sein Mund war trocken und es schmeckte bitter. Das musste das Zeugs sein, mit dem ihn dieser Fremde am gestrigen Tag betäubt hatte. Oder war es gar nicht so lange her? Er hatte sein Zeitgefühl verloren. Sein letzter Gedanke gehörte der Parkbank, auf der er gesessen hatte und seine schmalen Einnahmen bedauerte. Wenn er da schon gewusst hätte, was auf ihn zukommen würde, dann wäre er in dem Moment wohl der glücklichste Mensch gewesen.

Es flammte ein Licht auf. In seinen Augen stach es mörderisch.

»Was zum Teufel ...«, brachte er über die Lippen. Und dann sah er ihn. Er trug einen dunklen grauen Kittel und Handschuhe. Vom Gesicht war nichts zu erkennen, dafür blendete ihn das Licht zu sehr, das direkt auf dem Kopf des Mannes angebracht war. Der Fremde sagte nichts. Und das machte ihm am meisten zu schaffen. Das konnte nichts Gutes bedeuten. Die ganze Situation hatte etwas Beängstigendes. War das jetzt sein Ende?

Dann hörte er ein ohrenbetäubendes Geräusch. Es klang wie eine Kettensäge. Und kurz darauf hatte er Gewissheit. Der Schmerz an seinem Bein drang durch jede seiner Poren. Der Fremde hatte ihm einen Fuß abgesägt. Ein letztes Mal schrie er auf. Als sich die Säge an einer anderen Stelle, die er nicht mehr lokalisieren konnte in seiner Angst, ansetzte, verlor er das Bewusstsein. Die einzige Gnade, die ihm in den letzten Augenblicken seines Lebens noch zuteilwerden würde.

Im Büro

Lisa hatte sich gemeinsam mit Helif wie vereinbart die leerstehenden Lagerhallen vorgeknöpft und eine Liste zusammengestellt. Jedenfalls von denen, die ihr bekannt waren. Doch sie wusste auch, dass es noch viele leerstehende Schuppen oder Ähnliches geben könnte. Und natürlich mussten sie in Alleinlage liegen. Doch selbst davon gab es im Raum Aurich schon einige. Sie bat einen Kollegen, sich mit einem weiteren Beamten auf den Weg zu machen. Im Laufe der nächsten Tage würden sie alle infrage kommenden Orte aufzusuchen.

Jan hatte sich in der Zeit mit Familien beschäftigt, die aus einem Elternteil oder -paar im Seniorenalter mit einem im gleichen Haushalt lebenden Sohn oder Enkel bestanden. Nach seiner Erfahrung gab es oft diese Konstellation eines Eigenbrötlers, der den Abflug aus dem beschützenden Nest nicht geschafft hatte, und der dann übers Ziel hinausschoss. Was in diesem Fall bedeutete, dass er Menschen brutal quälte und ermordete. Denn wenn er richtig lag, dann waren sie keinen schönen Tod gestorben. Denn dieser Eigenbrötler, er hasste alles auf der Welt und am meisten wohl sich selber. Solche Menschen waren tickende Zeitbomben, die irgendwann hochgingen.

Wann hatte der Täter zum ersten Mal zugeschlagen? Anhand der Körperteile würde man das kaum feststellen können. Sie stocherten im Nebel und suchten nach einem Mann, der unberechenbar war, sich für die Außenwelt aber völlig normal benahm. Hatte er Freunde? Vielleicht ein oder zwei. Aber ganz bestimmt keinen großen Bekanntenkreis, mit dem er ständig um die Häuser zog. Denn dafür würde ihm gar keine Zeit bleiben. Sein Interesse galt dem Töten. Ein Hobby, das man nur schwerlich mit anderen teilen oder am Stammtisch besprechen konnte. Suchte er sich vielleicht dort seine Opfer aus? Im Freundes- und Kollegenkreis? Aber diesen Gedanken verwarf Jan schnell wieder. Das machte keinen Sinn. Es gäbe Vermisstenanzeigen und nach dem Artikel in der Zeitung hätte sich jemand gemeldet. Also konnten sie vielleicht davon ausgehen, dass die Opfer gar nicht von hier waren, sondern nur der Täter. Aber wo holte er dann die Menschen her? Wo riss er sie von einem Moment auf den nächsten mitten aus dem Leben, ohne dass es weiter auffiel? Bei dem Fall mit den Versuchen an Menschen waren es Opfer gewesen, die niemand vermisste. So musste es hier doch eigentlich auch sein.

»Was machst du gerade?«, fragte Lisa und sah interessiert zu Jan herüber.

»Ich frage mich, woher die Opfer kommen.«

»Du denkst also nicht, dass sie von hier sind?«

»Würde man sie dann nicht vermissen?«

»Das stimmt. Also kommt nur der Täter von hier?«

»So ist meine derzeitige Theorie.«

»Dann fährt er also spazieren und sammelt sie irgendwo ein«, meinte Lisa nachdenklich. »Aber warum tut er das? Wenn er sie nicht kennt, dann bedeuten sie ihm doch nichts.«

»Das ist interessant«, sagte Jan. »Er fährt durch die Gegend und sammelt sie ein ...«

»Vielleicht mit einem Wohnwagen.«

»Denkbar wäre es. Dann scheint er ganz schön viel unterwegs zu sein, wenn wir davon ausgehen, dass es mehr als sieben Opfer sein dürften, von denen wir nur Hände und Füße haben.«

»Und die gequirlte Scheiße aus der Nordsee nicht zu vergessen«, erinnerte Lisa und verzog das Gesicht. »Das waren bestimmt die anderen Körperteile.«

»Vermutlich. Aber wo setzen wir jetzt an?«

»Ich habe Kollegen rausgeschickt, damit sie sich leere Lagerhallen und Schuppen vorknöpfen.«

»Okay. Ich habe ein paar alte Höfe ausfindig gemacht, wo nur noch alte Leute alleine leben. Aber das muss ja nicht heißen, dass sie nicht auch einen Nachkömmling beherbergen.«

»Du meinst einen Enkel oder Sohn?«

»Richtig.«

»Und was ist, wenn unser Täter zwar bei diesen Leuten wohnt, aber gar nicht mit ihnen verwandt ist?«

Jan fuhr mit der Hand über seinen Dreitagebart. Das erinnerte Lisa an die Berührungen, die er ihr ab und an schenkte. Gerade jetzt wünschte sie sich nichts sehnlicher als genau das. Ich bin krank, schalt sie sofort mit sich, jetzt an seine Hände zu denken. Doch sie konnte ihren Blick nicht davon losreißen.

»Du könntest recht haben, Lisa«, sagte Jan. »Es könnte einer sein, der auf der Durchreise war und einen Unterschlupf gesucht hat. Dann müsste er nicht einmal hier angemeldet sein. Er nutzt die Gutmütigkeit der alten Menschen aus und schlachtet nebenbei Leute ab.«

Helif hatte die ganze Zeit geschwiegen.

»Ihr sucht einen ohne Herz«, sagte er schließlich.

Und vermutlich lag er damit gar nicht mal so falsch.

Bevor sie ihre Gedanken weiterspinnen konnten, klingelte das Telefon auf Jans Schreibtisch. Er erschrak, denn es gingen eigentlich alle Anrufe immer auf Lisas

Apparat ein, weil er nicht für die Öffentlichkeit erreichbar war. Sein Telefon klingelte nur, wenn es richtig ernst wurde.

»Ja«, sagte er nur, als er abgenommen hatte.

Er hörte eine Weile zu und sein Gesicht verfinsterte sich immer mehr.

»Ich halte das für keine gute Idee«, sagte er schließlich. »Helif ist doch gar kein Asylsuchender. Warum sollen wir solche Lügen in die Welt setzen?«

Dann wurde er wieder still.

»Dann machen Sie das selber, aber ich stehe für so einen Quatsch nicht zur Verfügung.«

Er knallte den Hörer auf.

»Was war das denn?«, fragte Lisa.

»Osnabrück will nach wie vor einen tollen Bericht über Integration«, murmelte Jan.

»Und du spielst nicht mit?«

»Auf keinen Fall. Ich mache mich für die da oben doch nicht zum Affen. Sie behandeln Helif, als wenn er ein Tier aus dem Zoo wäre.«

»Und jetzt?«

»Keine Ahnung. Sicher bekomme ich gleich per Mail meine Suspendierung.« Er lehnte sich auf den Schreibtisch und legte sein Kinn auf die Hand.

»Bestimmt erst, wenn wir den Fall gelöst haben«, tröstete Lisa und lachte. »Komm, wenn die in Osnabrück das wollen, dann können wir es sowieso nicht ändern. Ich mach das Interview oder was auch immer die sich da vorstellen und dann haben wir wieder unsere Ruhe.«

»Helif, wie stehst du denn überhaupt zu dem Scheiß?«, fragte Jan, der plötzlich ein schlechtes Gewissen hatte, weil sie über seinen Kopf hinweg praktisch über ihn gestritten hatten.

»Mir ist es egal«, sagte er. »Ich verstehe sowieso nicht alles, was hier läuft. Muss ich auch nicht.«

»Gute Einstellung«, meinte Lisa. »Ich werde gleich nochmal in Osnabrück anrufen und die Wogen glätten.«

Jan stand auf und ging zu der Pinnwand. Er hatte das Gefühl, als ob die Hände und Füße zu ihm sprechen würden. Sie erzählten eine ganz eigene Geschichte. Plötzlich sah er Männer und Frauen, die in einem Kerker gefangen gehalten wurden, um auf ihren Tod zu warten. Was hatten sie verbrochen, dass sie in die Fänge des Mörders geraten waren? Konnte das wirklich alles Zufall gewesen sein? Im Hintergrund hörte er, wie Lisa dem Chef Honig ums Maul schmierte. Er beneidete sie für diese Fähigkeit. Oder sollte er sie lieber bedauern? Schließlich musste sie nur zu Kreuze kriechen, weil er selber den

Mund immer zu voll nahm. Er nahm sich vor, sein Benehmen in Zukunft besser im Zaum zu halten. Es war unfair, Lisa immer die Kohlen aus dem Feuer holen zu lassen.

Helif war neben ihn getreten und sah jetzt mit ihm auf die Fotos.

»Das sind einfach nur Köperteile«, sagte er teilnahmslos. »Du solltest dich nicht verrückt machen.«

Erstaunt sah Jan ihn an. Gerade von ihm hätte er etwas mehr Empathie erwartet. Warum eigentlich?, fragte er sich im nächsten Moment.

»Du hast recht«, sagte er. »Und doch waren es einmal Menschen. Es ist nun mal mein Job, ihren Fall abzuschließen.«

»Wie lange machst du diesen Job schon?«

Jan überschlug die Jahre kurz im Kopf und wunderte sich, wie wenig Erinnerung er im Grunde daran hatte. Die Zeit war so schnell verflogen.

»Bald werden es zwanzig Jahre sein, wenn man die Ausbildung mitrechnet«, antwortete er.

»Das ist eine lange Zeit. Und dir macht das immer noch Fun?«

»Fun? Na ja, ich würde sagen, es ist ein Beruf.«

»Wieso hast du dich dafür entschieden?«

»Das ist eine gute Frage ...«. Ihm fiel spontan keine Antwort darauf ein.

»Alles in Butter«, rief Lisa zu ihnen herüber. »Morgen um elf Uhr wird die Presse hier sein und der Chef kommt extra aus Osnabrück angereist.«

»Scheiße«, sagte Jan nur und vertiefte sich wieder in seine Gedanken von vorhin.

Auf der Straße

So ein Arbeitsalltag war für Johann Schmees nicht mehr derselbe, seitdem er mit seiner Frau diesen Sack mit Leichenteilen gefunden hatte.

Die Zeiten, wo er sonst das Leben unterwegs auf der Straße genossen hatte, weil er da mal seinen Gedanken so richtig freien Lauf lassen konnte, waren eindeutig vorbei. So ertappte er sich immer wieder dabei, dass er stur auf die Straße sah, Angst vor jeder uneinsehbaren Kurve hatte und manchmal Dinge sah, die einfach nicht da waren. Die Arme und Beine spukten in seinem Kopf herum und verfolgten ihn bis in seine Träume.

Seiner Frau hatte er davon bisher nichts erzählt. Sie hätte auch gar nicht zugehört. Sie lebte in ihrer eigenen Welt mit kleinen Häkeldeckchen und Nippes, der entstaubt werden musste. An ihr schien von diesem Tag nicht viel haften geblieben zu sein. Gerne lud sie Freundinnen zum Kaffee ein, um die Geschichte immer und immer wieder runterzubeten. Die Frauen verzogen dann das Gesicht, riefen Oh und Ah vor Schreck und Ekel, doch insgeheim beneideten sie Talea, weil ihr eigenes Leben so etwas einfach nicht hergab. Das Schlimmste, was sie gesehen hatten, waren Kaninchen, denen ihr Mann das Fell über die Ohren gezogen hatte, damit sie in den Kochtopf wanderten. Und tote Menschen, das waren meist Verwandte, denen man einen letzten Gruß bei der Einsargung übermittelte. Aber so ein Sack voller Leichenteile, das war ja besser als jeder Tatort. Sie wollten genau wissen, wo die Stelle war. Und Johann war sich sicher, dass sie von nun an absichtlich in diese Richtung fuhren. Vielleicht hatten sie ja auch mal Glück.

Jetzt kam er die Autobahn aus Richtung Bottrop hochgefahren. Es war ein Tag früher als sonst, weil an diesem Abend ein Grillfest mit den Kollegen im Terminkalender stand. Eigentlich hatte er gar nicht hingehen wollen. Er wusste, mit welchen Fragen man ihn löchern würde. Natürlich hatten die Kollegen auch schon hier und da harte Sachen erlebt, doch sowas eben nicht. Einer, der war mal direkt auf einen schweren Verkehrsunfall zugefahren, konnte gerade noch rechtzeitig in die Eisen gehen, als ein Kind, das aus einem beteiligten Wagen geschleudert worden war, direkt vor ihm auf die Straße klatschte. Der Junge war sofort tot gewesen. Sein Kollege war drei Monate krankgeschrieben. Daran hätte Johann im Traum nicht gedacht, dass er ausfallen könnte. Wie sähe das denn aus, wenn er zum Arzt ginge, während seine Frau eine Party nach der anderen schmiss? Und doch, es hätte ihm gut getan, so eine Auszeit. Ob er eine

Reha beantragen sollte? Mit seinem kaputten Rücken, da würde er das bestimmt schon beim ersten Mal durchkriegen.

An der nächsten Raststätte ging er von der Autobahn, weil er tanken musste. Und er war müde. Also holte er sich einen Kaffee und ein belegtes Brötchen und stellte sich anschließend auf den Rastplatz, um sich ein bisschen auszuruhen. Er hatte noch genügend Zeit, bis er in Aurich auf dem Platz sein musste. Ob er noch bei Gerlinde anrufen sollte? Bei dem Gedanken an sie ging es ihm gleich besser. Er zog sein Handy, das er immer über die Sonnenblende geklemmt hatte, hervor. Von diesem Gerät wusste Talea nichts. Und es kam auch nur selten vor, dass sie in seinen Laster kletterte. Nur manchmal, wenn sie wieder zu viel Zeit hatte, dann schnappte sie sich einen Lederlappen und wischte alles gründlich ab. Da Johann nie wusste, wann sie wieder zuschlagen würde, musste er vorsichtig sein.

Er ließ es lange klingeln und hatte die Hoffnung eigentlich schon aufgegeben, als Gerlinde schließlich doch noch ranging.

»Johann, das ist ja schön, dass du dich meldest«, flüsterte sie in sein Ohr und sein Herz machte einen Satz.

»Ich dachte, ich ruf mal an ...«, sagte er unbeholfen. Er wusste manchmal nicht, womit er eine Frau wie sie verdiente. Er hatte sie kennengelernt, als sie in der Raststätte, an der er jetzt stand, im Imbiss gearbeitet hatte. Das war jetzt über ein Jahr her. Sie war wie er verheiratet, oder besser gesagt, sie war es gewesen. Als sie sich von ihrem Mann getrennt hatte wegen eines anderen, da hatte sie diesen Job im Imbiss angenommen. Doch aus irgendeinem Grund vertrug sie den Geruch dort nicht und hatte nach einem halben Jahr wieder gekündigt. Ihre erste gemeinsame Nacht verbrachten sie im Truck in der engen Koje. Johann hatte nach über zehn Stunden eine Pause machen müssen. Mit einer Pommes und einem Burger wollte er gerade die Tür hinter sich schließen, als er eine weiche Frauenstimme hinter sich hörte. So hatte es angefangen.

Später erzählte Gerlinde ihm, dass er ihr sofort aufgefallen wäre, als er am Tresen seine Bestellung aufgab.

»Mensch, das hätte ich wissen müssen«, sagte Gerlinde jetzt, »ich wäre so gerne gekommen, aber ich kriege gleich Besuch, dem ich unmöglich absagen kann.«

»Ach, du konntest es ja nicht wissen, dass ich mich melde«, sagte Johann und konnte seine Enttäuschung nicht verbergen. Ein kleines Abenteuer mit Gerlinde, das hätte ihm jetzt über vieles hinweggeholfen.

»Das nächste Mal passt es ganz bestimmt«, sagte sie, »du musst nur einen Tag vorher anrufen, dann kann ich noch alles umschmeißen.«

»Ja, mach ich«, sagte Johann und wollte schon auflegen, als ihm eine Idee kam. Was scherte ihn der blöde Grillabend, auf dem sowieso alle nur über das eine sprechen würden. Und Talea ging davon aus, dass es spät werden würde. »Aber wir könnten uns doch sehen, wenn dein Besuch wieder weg ist«, sagte er in der Hoffnung, dass sie einwilligen würde.

Es blieb einen Moment still. »Hm ...«, machte Gerlinde dann, »vor acht wird das aber bestimmt nichts. Musst du denn nicht weiter nach Hause?«

»Nein, das passt schon. Wir haben da so ein blödes Betriebsfest, das ich einfach sausen lasse. Talea muss nichts davon erfahren.«

»Okay«, sagte Gerlinde, »spätestens halb neun bin ich da.«

»Ich freu mich schon«, sagte er ehrlich und legte auf.

Öffentlichkeitsarbeit

Auf dem Weg nach Hause nahmen Jan, Lisa und Helif eine Pizza und Salate mit.

»Mensch«, sagte Jan, »eigentlich hätte ich heute noch ein paar alte Höfe abklappern wollen.«

»Das kannst du morgen immer noch«, meinte Lisa. »Aber wie haben wir eigentlich den Tag vertrödelt?«

Sie hatten den ganzen Tag Theorien hin und her diskutiert, bei denen Helif immer seine Bedenken anmeldete, wenn es um die Motive des Täters ging. Er konnte sich einfach nicht vorstellen, dass einer alleine so abartig veranlagt sein sollte. Sein Tipp ging eher in die Richtung, dass es sich um mehrere Täter handeln musste, die zusammen diese makabren Morde begingen. Davon hielt Jan wenig. Seiner Erfahrung nach arbeiteten Soziopathen eher alleine. Wären sie zu Gruppenhandlungen fähig gewesen, würden sie nicht solche Morde begehen.

Lisa wandte ein, dass man sich mehr in das Umfeld des Täters würde einarbeiten müssen. Natürlich nur in der Theorie. Aber sie konnte sich nicht vorstellen, dass er alleine leben sollte. Vielmehr sah sie ihn in einer Ehe mit Kindern, die bereits erwachsen waren. Nach ihrer Meinung arbeitete er voll integriert irgendwo auf dem Bau oder als Schlosser. Niemand würde so jemals auf die Idee kommen, dass er nachts loszog, um Menschen einzusammeln, um diese bestialisch zu ermorden.

»Und wieso bekommt dann keiner was mit?«, fragte Jan neugierig, »wenn er sozial so ausgelastet ist? Woher nimmt er die Zeit für seine Streifzüge? Das passt doch nicht zusammen.«

Lisa gab ihm recht. »Dann hat er eben einen Job, wo er viel unterwegs ist. Er könnte sein Lager auch ganz woanders haben und nicht hier bei uns in Aurich.«

»Das wäre eine weitere Komponente, die wir einbeziehen sollten. Andersherum funktioniert es aber auch. Er wohnt nicht hier, fährt allerdings regelmäßig nach Ostfriesland und entsorgt dann seine Leichen in der Nordsee.«

»Siehst du jetzt Helif, warum es so günstig ist, dass wir zusammenwohnen?«, fragte Lisa.

Der Afrikaner sah von einem zum andern. »Aber so habt ihr kein eigenes Leben mehr«, gab er zu bedenken und meinte es bitterernst.

Es wurde still in der Küche. Nur das Schnarchen von Chief, der sich unter den Tisch gelegt hatte, war zu hören.

»Du hast recht«, sagte Jan schließlich. »Aber wir sind keine Typen, die ein eigenes Leben brauchen. Wir haben schon von denen der anderen die Nase voll.«

Lisa erwiderte darauf nichts. Vielleicht, weil sie noch nicht bereit für eine völlige Kapitulation ihres Daseins war.

Der Abend klang kurz um Mitternacht aus. Helif hatte noch so manche Geschichte aus seiner Familie zum Besten gegeben. Es kam selten vor, dass sie zu einem Mittagessen weniger als acht Personen waren. Und oft kamen auch noch Freunde und Nachbarn spontan hinzu.

»Das Leben wird doch erst lebenswert, wenn man es mit anderen teilen kann«, sagte er und seine Augen leuchteten.

Jan und Lisa sahen ihn skeptisch an.

»Auf der einen Seite hast du uneingeschränkt recht«, sagte Lisa schließlich. »Doch irgendwann läuft doch alles auseinander. Bei uns jedenfalls haben die Menschen einfach keine Zeit mehr.«

»Und warum nicht? Was tun sie denn die ganze Zeit?«

»Ich glaube, das wissen sie selber nicht, wenn man sie fragt«, antwortete Lisa und sah dem Lichtspiel der Lampe, die über dem Tisch hing zu, das sich in ihrem Wein spiegelte.

»Warum seid ihr beide denn kein Paar?«, fragte Helif schließlich.

Und das war der Punkt, an dem Jan feststelle, dass es eindeutig schon spät genug sei, um sich schlafen zu legen.

Am nächsten Morgen waren sie damit beschäftigt, sich auf das bevorstehende Interview vorzubereiten.

»Mach dir keine Sorgen«, sagte Lisa beim Frühstück.

»Genau, einfach immer lächeln und schön artig das Gesicht in die Kameras halten«, ätzte Jan.

»Es ist ja bald geschafft«, beschwichtigte Lisa. »Wenn du willst, dann kannst du auch hierbleiben. Ich sage einfach, dass du zu einem dringend in Verdacht genommenen Hof gefahren bist.«

»Gar keine so schlechte Idee«, stimmte Jan zu. »Ich schaffe es sowieso nicht, dieses Theater durchzuhalten.«

Und so machte sich Lisa mit Helif auf den Weg in die Dienststelle.

Jan atmete durch, als er endlich alleine war. Doch das stimmte nicht so ganz. Chief war zu ihm aufs Sofa gekrochen und ließ sich hinter den Ohren kraulen.

»Du bist der Einzige, der mich versteht, Dicker«, sagte Jan und erschrak selbst darüber, wie ernst er es im Grunde meinte, was er da eben zu einem Tier gesagt hatte. Sein ganzes Leben war ein Missverständnis zwischen ihm und seiner Umwelt. Doch wem sollte man dafür die Schuld geben?

Schließlich raffte er sich auf, um zu einem der Höfe zu fahren. So, wie Lisa es als Ausrede vorgeschlagen hatte.

Und so stand er eine Stunde später vor einer alten Holztür, die dringend einen neuen Farbanstrich verdient gehabt hätte. Er suchte vergeblich nach einer Klingel und klopfte schließlich kräftig an die Tür.

Es dauerte eine Ewigkeit, bis eine hagere Frau ihn misstrauisch durch eine schwarzgerandete Hornbrille von unten herauf musterte, weil sie bestimmt zwei Köpfe kleiner als er war. Sie war zu einem kleinen Wesen geschrumpft, das irgendwann ganz von der Erde verschluckt werden würde, dachte Jan irritiert.

»Jan Krömer, Kripo Aurich«, sagte er, weil sie nur stumm schaute.

»Was?« Sie hielt sich eine Hand hinters Ohr und formte eine Muschel.

Er wiederholte und sie formte einen spitzen Mund. »Oh, Polizei?«

»Ja, könnte ich Sie vielleicht kurz sprechen?«, fragte Jan jetzt etwas lauter.

»Worum geht es denn?«, kam es zurück.

Sollte er jetzt wirklich alles haarklein erzählen?, fragte er sich. Eigentlich hatte er dazu keine Lust. Und schon gar nicht, wenn er andauernd schreien musste. Doch dann kam ihm ein im Vergleich zu ihr jung wirkender Mann zur Hilfe, der praktisch aus dem Nichts aufgetaucht war. Plötzlich stand er neben der alten Frau und sah Jan misstrauisch an.

»Was wollen Sie von meiner Mutter?«, fragte er barsch.

Jan spürte sofort, dass er eine tickende Zeitbombe war. Sollte er gleich bei dem ersten Hof ins Schwarze getroffen haben?

»Es geht um eine Ermittlung, an der ich arbeite«, erklärte er, »nur um ein paar Routinefragen.«

»Und wieso kommen Sie dann ausgerechnet zu uns?«

»Sie sind der Sohn, nehme ich an«, sagte Jan, ohne auf seine Frage einzugehen.

»Und wenn? Was geht Sie das an?«, blaffte der Mann im karierten zerschlissenen Hemd zurück.

»Sie haben sicher von dem grausigen Fund an der Landstraße in Südbrookmerland gehört.«

»Sie meinen den Sack mit den Leichenteilen? Ja, davon habe ich gehört.«

Aha, dachte Jan. Es hatte nämlich nichts Konkretes zu dem Inhalt des Sackes daringestanden.

»Woher wissen Sie, was in dem Sack war?«, fragte er zurück. »Es haben keine Einzelheiten dazu in der Zeitung gestanden.«

Der Mann lachte auf und zeigte eine Reihe ungepflegter Zähne. »Das pfeifen die Spatzen doch schon von den Dächern. Außerdem arbeite ich mit Johann Schmees zusammen. Der hat uns alles brühwarm erzählt.«

»Sie fahren also auch Lkw?«

»Jo. Und gleich fängt meine Schicht an. Also, was ist jetzt? Haben Sie einen Durchsuchungsbeschluss. Wenn nicht, dann sollten Sie jetzt verschwinden.«

Alles klar, dachte Jan. Er würde diesen Hof auf jeden Fall im Auge behalten.

»Wohnen Sie hier alleine mit Ihrer Mutter?«, fragte er noch, bevor er ging.

»Verzieh dich, Bulle«, sagte der Typ, zog seine Mutter zurück und machte die Tür wieder zu.

Also, so dumm konnte doch selbst so einer nicht sein, sich so auffällig zu benehmen, wenn er Dreck am Stecken hatte.

Jan sah auf die Uhr, als er wieder im Wagen saß. Gleich war es zwölf. Ob Lisa mit dem Interview schon durch war?

Auf jeden Fall wollte er jetzt nicht dazustoßen. Also steuerte er den nächsten Hof an, der nur einige Kilometer entfernt war. Doch dort machte niemand auf.

Die Sonne stand hoch am Himmel und wärmte sein Gesicht, als er wieder zum Wagen lief. Es war so schön auf dem Land. So ruhig und irgendwie auch beruhigend. Friedlich? Nun ja, so weit würde er nicht gehen. Aber warum hatte er früher nur in der Großstadt leben können mit all dem Lärm? Heute wäre er definitiv mental dazu nicht mehr in der Lage. Und er fragte sich, ob es nun an ihm oder an der Großstadt lag. Er entschied sich, ein paar Meter am Deich entlang zu laufen und parkte seinen Wagen nicht weit davon entfernt.

Ein paar Schafe lagen im Gras und sahen ihn stoisch an. Ob sie wirklich so dumm waren, wie man es ihnen nachsagte? Vielleicht war es gar nicht Dummheit, die sie so abstumpfen ließ, dachte er, sondern einfach nur der Gleichmut. Was passierte schon groß in ihrem Leben? Sie wachten auf, fraßen, lagen in der Sonne, wenn es gut lief, bis sie wieder fraßen und so weiter. Warum sollte man bei so einem Leben ein anderes Gesicht machen? Und konnte man dieses Phänomen auch auf einige Menschen übertragen? Definitiv. Es gab genügend Menschen, die viel dümmer aussahen als alle diese Schafe zusammen, dachte er und grinste in sich hinein.

Die frische Luft tat ihm gut. In einiger Entfernung kam ihm eine Frau entgegen, die der warmen Witterung wohl noch nicht ganz traute. Auf jeden Fall trug sie eine Jacke mit Mütze, die sie bis weit ins Gesicht gezogen hatte.

Als sie auf gleicher Höhe waren, drehte sie sich bewusst zur anderen Seite, so dass er sie nicht erkennen konnte. Ob sie weinte? Oder war es nur seine Einbildung, dass sie sich ihm absichtlich nicht zu erkennen geben wollte? Vielleicht sah er schon Gespenster. Nach einigen Metern drehte er sich noch einmal nach ihr um. Sie lief weiter, als habe es ihn gar nicht gegeben.

Erst um zwei Uhr kam Jan schließlich wieder in die Dienststelle.

»Alles klar bei dir?«, fragte Lisa, noch bevor er sich nach dem Interview erkundigen konnte.

»Das könnte ich wohl eher dich fragen, oder?«

»Ach, das war nur dummes Gelaber. Und Helif hat gut mitgespielt. Es war schon fast peinlich, wie oft unser Chef an ihm herumgezupft und ihn hin und her geschoben hat, damit er ja im rechten Licht dasteht. Einmal hat er sogar gesagt, dass die dunkle Haut von Helif das Licht der Kameras schlucken würde, darauf sollten die Fotografen achten.«

»Nein, das glaube ich nicht ...«

»Tja, mir ist auch die Kinnlade runtergeklappt. Das war rassistisch, wenn du mich fragst.«

»Dieses Arschloch. Und was hast du dazu gesagt?«

Lisa zuckte mit den Schultern. Was hätte sie auch machen sollen vor laufender Kamera?

»Für mich ist die Sache jetzt gelaufen. Und ich habe das auch nur dir zuliebe getan«, verteidigte sie sich, obwohl sie gar nicht im Fadenkreuz stand.

»Danke, das weiß ich. Entschuldige, ich wollte dir keine Vorwürfe machen«, sagte Jan. »Wo ist Helif jetzt eigentlich?« Er hatte ihn bisher nicht gesehen.

»Der Chef ist mit ihm essen gegangen und hat die Meute an Journalisten gleich mitgenommen. Wahrscheinlich sollen sie festhalten, dass ein Schwarzer auch mit Messer und Gabel essen kann, wenn er in Deutschland ist.«

»Ekelhaft!«, rief Jan aus. »Wollte er dich nicht dabei haben?«

»Ich habe mich rausgeredet, dass es einfach zu viel zu tun gibt im neuen Fall. Ich hätte sicher kotzen müssen, wenn ich da am Tisch gesessen hätte.«

»Was für eine beschissene Welt«, sagte Jan und ging zu seinem Schreibtisch.

»Wo warst du denn die ganze Zeit?«

»Zuerst war ich auf einem Hof, wo eine alte Frau mit ihrem Sohn lebt. Vielleicht alleine, das kann ich nicht genau sagen. Der Typ hat mich quasi vom Hof gejagt.«

»Oh, das klingt verdächtig.«

»Tja, oder einfach nur bescheuert. Auf jeden Fall bin ich dann irgendwann zu den Schafen am Deich gegangen. Mit denen kann man wenigstens reden.«

Lisa sah kurz irritiert auf, dann prustete sie los.

»Das sieht dir ähnlich«, sagte sie.

»Wieso? Es stimmt doch. Man kann doch nur noch Tieren vertrauen.«

»Und was machen wir dann noch hier?«

»Lass uns jetzt nicht so anfangen, dann ist der Tag gleich wieder gelaufen«, meinte Jan. »Holst du uns einen Kaffee?«

»Klar, wo wir doch gerade von Sklaven gesprochen haben, mache ich das besonders gerne.«

»He, ich kann auch ...«

»Ach was«, erwiderte sie lachend und verließ das Büro.

Jan sah ihr nach. Sie hatte recht. Warum hatte nicht er die Beine in die Hand genommen und sie gefragt, ob er ihr einen Kaffee mitbringen könnte? Wieso suchte man immer nach jemandem, der etwas für einen übernahm, anstatt selber aktiv zu werden? War genau dieses Verhalten das Prinzip von Machthabern? Konnten sie so zeigen, nach wessen Pfeife getanzt wurde? Und ging das nicht nur, wenn jemand zu tanzen bereit war?

Und warum dachte er erst darüber nach, seitdem Helif Number da war?

»Hier«, sagte Lisa und stellte einen Becher auf seinen Schreibtisch, als sei es das Selbstverständlichste auf der Welt. »Wieso siehst du mich so komisch an?«, fragte sie, als er nicht reagierte.

»Ach, nicht so wichtig«, sagte er. »Wie gehen wir jetzt weiter vor?«

Lisa setzte sich auf einen Stuhl und legte einen Fuß auf den anderen.

»Ich weiß nicht, die Sache mit den Lagerhallen hat bisher nichts gebracht.«

»So leicht wird es uns der Täter auch nicht machen«, sagte Jan. »Jedenfalls nicht, wenn er bei seinem Versteck so detailliert vorgeht wie bei der Beseitigung der Leichen.«

»Hm?«

»Nun ja, er könnte auch einfach töten und die Leichen im Wald verscharren, aber das tut er nicht. Im Gegenteil, eigentlich will er gar nicht, dass sie jemals gefunden werden, wenn du mich fragst. Deshalb diese Raspelei und die Verflüssigung. Die Menschen sollen einfach verschwinden, als hätte es sie nie gegeben.«

»Da ist was dran«, sinnierte Lisa. »Wäre dieser Unfall mit dem Sack nicht passiert, dann würden wir keinen Täter suchen.«

»Exakt. Er ist nicht daran interessiert, mit uns Katz und Maus zu spielen. Und wahrscheinlich ist er jetzt mehr als nervös, dass die Gefahr besteht, dass alles rauskommt. Denn dann würde sein Kartenhaus zusammenfallen. Er arbeitet an einem ganz großen Plan, wenn du mich fragst. Und dieser ist jetzt in Gefahr, weil seine Identität auf dem Spiel steht.«

»Makaber. Aber was könnte das denn für ein großer Plan sein?«

Jan zog die Schultern hoch. »Keine Ahnung. Wer kann sich schon in so ein krankes Hirn versetzen?«

»Ich dachte immer, du seist prädestiniert dafür«, neckte Lisa und warf eine Papierkugel nach ihm, die sie aus einem Blatt, das auf seinem Schreibtisch gelegen hatte, zusammengeknüllt hatte.

Die Tür ging auf und Helif kam herein. Irgendwie wusste in diesem Moment keiner von beiden etwas zu sagen.

Morgens in Ostfriesland

Es stand am nächsten Tag in allen Zeitungen, dass Helif bei der Polizei ein Praktikum machte. Und nicht jeder in Ostfriesland fand das so toll, wie der Chef aus Osnabrück.

Als die Drei in die Dienststelle kamen, waren bereits an die hundert Anrufer registriert worden, die sich zu dem Umstand äußerten.

»Die meisten Anrufe waren ja positiv«, beschwichtigte Lisa, als Jan fast der Kragen platzte.

»Ich kann mich da nur wiederholen«, entgegnete er. »In welcher Welt leben wir eigentlich, dass so eine Selbstverständlichkeit dazu führen kann, dass Menschen ihren ganzen Hass loswerden müssen.« Er spielte damit auf eine Mail an, die er in seinem Postfach vorgefunden hatte. Darin wünschte man der Polizei Aurich die Pest an den Hals. Und man wolle sich nicht von einem Neger über die Straße helfen lassen in Zukunft. Wo man denn da hinkäme und so weiter und so fort.

»Das sind bestimmt Einzelfälle«, meinte Lisa, die sprachlos vor seinem PC gestanden hatte. »Doch verstehen kann ich solche Ausbrüche auch nicht. Sind wir denn immer noch nicht weitergekommen?«

»Ich habe eher den Eindruck, dass die Gesellschaft sich zurückentwickelt«, meinte Jan. »Denk doch nur mal die bevorstehenden Bundestagswahlen und die krude Gruppe, die jetzt dort einziehen will.«

»Ich weiß, was du meinst. Und ihre Chancen stehen gar nicht mal schlecht. Sie leben ja vom Fremdenhass und würden am liebsten unsere Freiheit einen Stacheldraht errichten. Es gibt übrigens bald eine Kundgebung mit der Vorsitzenden in Aurich, wo Polizeischutz notwendig ist.«

»Ja, ich habe schon davon gelesen in der Rundmail. Es ist perfide, sie erwarten Schutz, obwohl sie selber vor nichts Halt machen.«

»Ist ja nicht unsere Baustelle«, meinte Lisa.

Helif hatte in der ganzen Zeit nichts gesagt. Er saß an dem Besuchertisch und sah von einem zum andern.

»Was musst du nur von uns denken«, sagte Jan matt. »Wir sind ein krankes Volk.«

Helif zog die Schultern hoch. »So what?«, sagte er schließlich. »We'll Fight for human rights as long as possible.«

Klar, was sollte er auch dazu sagen, dass man ihn hasste, nur weil er aus einem anderen Teil der Erde kam. War das überhaupt rational zu erklären?

»Wir lassen uns von diesen kranken Hirnen nicht herunterziehen«, meinte Lisa. Und wenn es sein muss, dann werden wir sie in ihre Schranken weisen. Wie ist das eigentlich«, fragte sie dann an Jan gewandt, »kann man die Leute, die solche Nachrichten schreiben, eigentlich anzeigen?«

»Man könnte vielleicht, doch im Endeffekt kommt nichts dabei heraus.«

»Also einfach ignorieren ...« Sie ging wieder zu ihrem Schreibtisch. »Wie gehen wir denn in unserem Fall weiter vor?«

»Keine Ahnung«, murmelte Jan. »Vielleicht sollten wir noch ein paar alte Höfe abklappern.«

»Wieso nicht«, meinte Lisa. »Frische Luft wird uns gut tun. Eigentlich ist es doch ein ganz schöner Tag.«

Sie fuhren die Küstenregion entlang und hielten hier und da, um mit den Bewohnern zu sprechen. Einmal gratulierte ihnen ein alter Bauer, der mit seinem Trecker auf der Landstraße unterwegs war, den sie nach einem Weg fragten, dass sie den Schwarzen im Wagen endlich dingfest gemacht hatten. Jan hatte keine Lust, die Sache aufzuklären. Er hatte auch kaum noch Lust, diesen Fall überhaupt weiter zu verfolgen. Wen schützte er da eigentlich vor wem? Und wurden nicht die eigentlichen Verbrechen auf ganz anderen Kontinenten begangen?

Auf jeden Fall liefen ihre Befragungen von vier älteren Paaren, die recht einsam auf ihren alten Höfen lebten, ins Leere. Sie brachten einzig die Erkenntnis, dass es noch Menschen gab, die neben ihrer Tageszeitung und ein wenig fernsehen kaum etwas mitbekamen. Sie lebten abseits des Mainstreams und scherten sich nicht um das, was man den Fortschritt nannte.

Und keiner von ihnen erweckte den Eindruck, als würde er nach Einbruch der Dunkelheit Menschen zersägen. Warum auch. Selbst das schien diesen Leuten schon zu viel Aufwand zu sein, dachte Jan. Sie wollten einfach nur ihre Ruhe haben. So ging es ihm auch immer öfter.

Um siebzehn Uhr entschlossen sie sich, nach Tannehausen zu fahren und den Abend mit einem schönen afrikanischen Essen, um das Helif sich kümmern wollte, abzuschließen.

Später wachte Lisa von einem Geräusch auf. Es war Vollmond und im ersten Augenblick schob sie es auf das helle Licht, das durchs Fenster schien, dass sie unruhig schlief. Manchmal schlich Chief sich auch in ihr Zimmer und legte sich vor ihr Bett. Doch der Hund war es nicht gewesen, der sie geweckt hatte. Sie horchte kurz, ob einer von den anderen vielleicht über den Flur ins Bad gelaufen war. Doch auch dort gab es nichts, was das Geräusch hätte erklären können.

Ach was, dachte sie, vermutlich schleicht Chief sich gerade durch die Hintertür heraus. Und jetzt erinnerte sie sich, dass sie ihn gar nicht mehr gesehen hatte, seitdem sie sich an den gemeinsamen Abendbrottisch gesetzt hatten. Das war so gegen einundzwanzig Uhr gewesen. Jetzt kam ihr das plötzlich komisch vor. Natürlich war er immer wieder draußen unterwegs. Aber dass er, bis sie ins Bett gingen, gar nicht mehr auftauchte, war eigentlich ungewöhnlich. Warum war ihr das nicht früher aufgefallen? Ob vielleicht die Tür nach hinten raus versperrt war und er gar nicht mehr herein konnte?

Jetzt war es endgültig vorbei mit ihrer Ruhe. Alleine der Gedanke, dass der Hund da ums Haus herumirrte, weil er nicht zu ihnen hineinkonnte, machte sie hellwach. Sie setzte sich im Bett auf und schlüpfte in ihre Jogginghose und das Sweatshirt.

Leise schlich sie durchs Haus und machte kein Licht. Als sie bei der Hintertür ankam, war diese wie sonst auch nur angelehnt.

Also ging Lisa wieder zurück und warf noch einmal einen Blick in die große Küche, um sicherzugehen, dass Chief auf dem Sofa lag und schlief.

Doch der Hund war nicht da. Sie sah unter dem Sofa nach, auch da war er nicht. Sie rief leise seinen Namen. Keine Reaktion.

Und dann hörte sie einen Knall und schrak zusammen. Sie brauchte einen Augenblick, um zu realisieren, dass etwas durchs Fenster geflogen war. Schnell machte sie Licht. Im nächsten Moment stand Jan neben ihr.

»Was ist los?«, fragte er.

»Ich weiß nicht«, antwortete sie mit zitternder Stimme. »Es gab einen Knall ... das Fenster.«

Jan sah, was sie meinte. In der Scheibe war ein Loch und auf dem Boden mitten in der Küche lag ein faustgroßer Stein, um den etwas gewickelt war.

Er bückte sich. »Das sieht wie eine Botschaft aus und mir schwant schon, worum es geht.«

Vorsichtig nahm er den Klumpen und legte ihn auf den Küchentisch. Er faltete das Papier darum auseinander.

»Guck dir das an«, sagte er tonlos.

»Wir brauchen keine Neger bei der Polizei«, las Lisa vor. »Das kann doch wohl nicht wahr sein. Wer weiß, dass Helif hier bei dir wohnt?«

»Keine Ahnung«, meinte Jan. »Aber jetzt haben sie eindeutig eine Grenze überschritten. Wo ist Chief eigentlich? Hat er gar nicht angeschlagen? Er muss doch was gehört haben.«

»Stimmt«, antwortete Lisa, »nach ihm habe ich eigentlich auch gesucht. Ich hatte ein Geräusch gehört, von dem ich wach geworden bin. Aber er war nicht im Haus und dann gab es diesen Knall.«

»Wir müssen ihn suchen. Hoffentlich haben die Schweine dem Hund nichts angetan.«

Erst jetzt sahen sie, dass Helif in der Tür stand. Er hatte alles mitbekommen.

»Don't worry about this«, er zeigte auf den Küchentisch. »Ich weiß, dass es Menschen gibt, die mich hassen.«

»Aber dafür gibt es keinen Grund«, sagte Lisa. »Und deshalb kann man es nicht durchgehen lassen.«

»Ich suche jetzt nach Chief«, sagte Jan. »Am besten, ihr bleibt hier drin.«

»Okay, dann mache ich uns einen Kaffee«, sagte Lisa, »schlafen kann ich jetzt sowieso nicht mehr.«

Jan rannte in den Wald und wurde immer schneller. Immer wieder rief er den Namen von Chief. Ein Ast peitschte in sein Gesicht und hätte fast sein Auge getroffen. Dann hörte er endlich ein Bellen in einiger Entfernung und lief in die Richtung. Sein erster Eindruck war dann, dass mit Chief alles in Ordnung schien. Aber man hatte ihn an einen Baum gebunden. Vermutlich, damit er die Täter nicht daran hindern konnte, sein Haus zu bombardieren mit ihrem Schmutz. Jan war froh, dass sie dem Tier nichts Schlimmeres angetan hatten.

»Komm mein Dicker«, sagte er und band Chief los. Der Hund bedankte sich, indem er Jans Hand abschleckte. Er musste schon Stunden hier im Wald auf ihn gewartet haben.

Johann fliegt auf

Man, was fühlte er sich gut, als er sich mitten in der Nacht ins Haus schlich. Genau bis zu dem Zeitpunkt, als das Licht in der Küche aufflammte.

Talea stand ihm plötzlich in ihrem geblümten Morgenmantel gegenüber und versperrte ihm den Weg nach oben zum Schlafzimmer.

»Wo warst du?«

Das war alles, was sie sagte.

Er schluckte und versuchte, ihr eine plausible Antwort zu geben. Irgendwie ahnte er, dass sie wusste, dass er nicht beim Grillfest gewesen war.

»Ich hatte einen Platten kurz vor Meppen«, log er. »Da ging nichts mehr. Ich musste den ADAC holen.«

Er hoffte, dass sie es schlucken würde. Jetzt ein Streit mit ihr mitten in der Nacht würde alles kaputtmachen.

»Dann warst du also nicht beim Grillfest?«

Sie wich keinen Meter zur Seite.

»Natürlich nicht. Ich bin echt fertig. Kann ich jetzt erst mal noch oben gehen und mir die Hände waschen?«

Jetzt ging ihm auf, dass sie von irgendwoher wusste, dass er nicht beim Fest gewesen war.

»Wieso fragst du eigentlich? Und warum stehst du hier mitten in der Nacht im Haus herum?«

»Dein Kollege hat angerufen und gefragt, wo du bleibst. Von einem Platten wusste er übrigens nichts«, zischte sie.

»Kein Wunder, ich hab ja auch niemandem Bescheid gesagt. Stinkt mir ja selber, dass ich nicht mitfeiern konnte. Und jetzt geh ich ins Bett, ich bin hundemüde.«

Talea gab den Weg zur Treppe frei und sah ihrem Mann nach. Irgendetwas stimmte da nicht. Und sie würde schon noch herausfinden, warum Johann gelogen hatte.

Sie ging in die Küche und kochte sich einen Kamillentee. Jetzt würde sie sowieso nicht mehr schlafen können. Schon immer war sie die Erste, die am Morgen aufstand. Meistens war sie schon um fünf Uhr wach und wartete dann, bis es endlich sechs Uhr war und sie aufstehen konnte.

Sie wärmte ihre Hände am Teeglas und sah auf die Wanduhr. Der Sekundenzeiger wanderte gnadenlos von einem Punkt zum Nächsten. Daran würde sich nie etwas ändern. Aber musste sie auch weiterhin mit einem Mann zusammenleben, der sie anlog? Sie waren jetzt fast dreißig Jahre verheiratet. Die meisten Jahre waren ganz gut gewesen. Und nun waren ihre Eltern auf Hilfe angewiesen. Ohne Johann würde sie das alles gar nicht schaffen, wurde ihr klar. Also musste sie wohl oder übel in den sauren Apfel beißen. Sie horchte nach oben und hörte, wie Johann im Schlafzimmer verschwand.

Auch sie ging jetzt nach oben und direkt ins Bad. Dort zog sie seine Sachen, die er eben noch getragen hatte, aus dem Wäschekorb und schnüffelte daran. Da war eindeutig eine andere Frau im Spiel.

Angewidert ließ sie die Sachen wieder los und wusch sich die Hände, bevor sie sich neben ihn ins Ehebett legte.

Johann war bereits eingeschlafen und schnarchte friedlich.

Sie hörte ihm zu und widerstand dem Impuls, ihm ein Kissen aufs Gesicht zu drücken, mit Erfolg.

Außer Kontrolle

Es hatte lange gedauert, bis jemand von der Spurensicherung in Tannenhausen angekommen war. Schließlich ging es nur um einen harmlosen Stein, der durchs Fenster geworfen worden war.

Um zehn Uhr waren dann alle Spuren gesichert und Jan konnte sich wieder frei in seinem Haus bewegen.

Lisa und Helif saßen draußen auf der blauen Bank.

Jan sah ihnen von drinnen dabei zu, wie sie sich unterhielten. Er verstand nicht, worüber sie sprachen. Doch es war ein friedliches Bild. Seine Wohngemeinschaft hatte Zuwachs bekommen. Er versuchte, sich in die Menschen hineinzuversetzen, die in Helif offensichtlich keinen ebenbürtigen Menschen sahen und deshalb mit Steinen warfen. Zum Glück gelang es ihm nicht. Es gab keinen Unterschied zwischen Lisa und Helif bis auf die Tatsache, dass es sich um eine Frau und einen Mann handelte.

Er ließ einen Kaffee durchlaufen und brachte den beiden einen Becher nach draußen.

»Schöner Tag heute«, sagte Lisa und nahm den Kaffee entgegen.

Jan setzte sich auf einen Gartenstuhl und reckte sein Gesicht in die Sonne.

»Die Kollegen gehen davon aus, dass man nicht herausfinden wird, wer den Stein bei uns durchs Fenster geworfen hat«, sagte er lakonisch.

»Das ist wohl immer so«, antwortete Lisa. »Aber zum Glück haben sie Chief nichts angetan.«

»Das ist auch mein einziger Trost.« Irgendwie war es ihm unangenehm, dass sie andauernd davon sprachen, dass es Chief gut ging. War das vielleicht auch schon eine indirekte Wertung der Opfer? War ihnen Chief wichtiger als Helif? Er erschrak bei seinem Gedankengang. So etwas durfte man nicht zulassen.

»Good dog«, sagte Helif, als hätte er seine Gedanken erraten und streichelte über den großen Kopf des Tieres.

»Habt ihr auch Hunde bei euch zuhause?«, fragte Lisa.

»Sometimes«, antwortete Helif und ging nicht weiter auf ihre Frage ein.

Gegen Mittag kamen sie endlich in der Dienststelle an. Fast war es Jan egal, wer die Leichenteile verstreut hatte. Möglicherweise geschah es den Menschen sogar recht, dass man sie ... nein, so durfte er nicht denken.

Er ging stumm zu seinem Schreibtisch und fuhr seinen PC hoch.

Diese Ermittlung zog sich wie Kaugummi in die Länge. Oder eher wie ein zäher Brei, durch den er waten musste.

Er checkte alle Mails und fand einige darunter, in denen die Polizei Aurich wild beschimpft wurde. Es war sogar von einer Söldnergruppe die Rede, die Menschen in den Polizeidienst aufnahm, die sich nicht um das Wohlergehen von Deutschen scherten. Am Ende seien sie vielleicht selber die Wurzel allen Übels und schlichen sich ins System.

Jan schielte zu Helif herüber, der mit Lisa am Schreibtisch saß. Er fragte sich, warum er ihm nicht vertrauen sollte. Nur, weil er dunkelhäutig war? Wieso reichte das für manche Menschen eigentlich schon aus?

»Ist was?«, fragte Lisa plötzlich und holte ihn aus seinen Gedanken.

»Nein, alles gut. Und bei euch?«

»Nur die üblichen Hassmails«, sagte sie.

Tja, bei mir auch, dachte Jan.

So plätscherte der Tag dahin, ohne, dass sie wirklich weiterkamen. Jan las noch einmal den Bericht des Gerichtsmediziners durch. Auch das brachte keine erhellenden Momente.

Und vor lauter Frust hatte er plötzlich Lust, seinem Chef in Osnabrück eine gepfefferte Mail zu schreiben, in der er ihm alles an den Kopf knallte, was ihm in den letzten Tagen die Laune verhagelt hatte.

Einzig der Umstand, dass Lisas Telefon geklingelt hatte und sie ein erstauntes Gesicht machte, hielt ihn im letzten Moment davon ab.

Jetzt hörte er ihr zu und bekam mit, dass sie sich Notizen zu einer vermissten Person machte, die zuletzt am Morgen gesehen worden war, bevor sie aus dem Haus ging. Dann legte Lisa auf.

»Johann Schmees ist verschwunden«, sagte sie.

Jan brauchte einige Sekunden, bis ihm der Name etwas sagte.

»Wann?«

»So genau lässt sich das nicht sagen, meinte seine Frau. Allerdings hat er heute frei und ist nach dem Frühstück zum Baumarkt gefahren. Bis jetzt ist er nicht wieder nach Hause gekommen.«

»Dafür kann es aber eine ganz normale Erklärung geben ...«

»Die da wäre?«

Jan zuckte mit den Schultern. »Was weiß ich, was Männer so treiben ...«

Lisa spürte, dass es ihm völlig gleichgültig war, was mit Johann Schmees geschehen war oder auch nicht.

»Wir sollten uns aber trotzdem darum kümmern, meinst du nicht?«, fragte sie und erhob sich.

»Sicher. Du kannst ja mit Helif bei der Frau vorbeifahren.«

»Und was machst du solange?«

»Ich bleibe hier.«

Er sagte es in einem Ton, der Lisa keine Wahl ließ.

Als Jan alleine im Büro war, klickte er sich durch Berichte über Anschläge auf Asylbewerberheime. Und natürlich verschloss er auch nicht die Augen davor, dass es ausländische Mitbürger gab, die genauso Dreck am Stecken hatten. Doch darum ging es hier nicht. Vielmehr lähmte ihn der Gedanke, dass er angegriffen worden war, weil er einen dunkelhäutigen Menschen in seinem Haus willkommen geheißen hatte. Er selber hätte es niemals als einen besonderen Akt betrachtet. Ihn interessierten die Hautfarbe und Herkunft eines Menschen nicht oder besser gesagt richtete er nicht seine Entscheidungen, ob er jemanden mochte oder ablehnte, danach aus.

Doch es gab eine Menge Menschen, die genau das taten. Sie sortierten und ordneten ein. In gut oder schlecht, willkommen oder gehasst. Fast ekelte es ihn an, ein Deutscher zu sein, als er auf die Seite der politischen Partei stieß, die dazu aufrief, wieder mehr zu seinem Vaterland zu stehen.

Und für solche Menschen schlug er sich die Nächte um die Ohren?

Zum Glück kamen Lisa und Helif zurück, bevor er soweit war, sein Kündigungsschreiben aufzusetzen.

»Und?«, fragte er, als Lisa ihre Jacke über den Stuhl gehängt hatte.

»Tja, Johann Schmees ist immer noch nicht wieder aufgetaucht. Sein Lkw steht bei der Firma. Er war heute Nacht nach Hause gekommen und hat seiner Frau einige Lügen aufgetischt.«

»Und welche?«

»Eigentlich gab es ein Betriebsfest, doch zu dem ist er nicht erschienen. Er hat seiner Frau heute Nacht erzählt, dass er einen Platten hatte. Doch ein Mechaniker in der Firma behauptet, dass an dem Lkw von Schmees garantiert kein Reifen gewechselt worden ist.«

»Vielleicht muss man die Sache doch ernster nehmen«, meinte Jan und kam um seinen Schreibtisch herum und setzte sich auf die Kante.

»Auf jeden Fall«, erwiderte Lisa. »Talea meint übrigens, dass eine andere Frau im Spiel sein könnte. Sie hat da einen Geruch an seiner Kleidung wahrgenommen, der ihr fremd vorkam. Die Sachen habe ich bereits in die KTU gegeben.«

»Hm ... merkwürdig. Ob man jetzt auch Johann Schmees in seine Einzelteile zerlegt?«

Lisa sah verdutzt auf. »Wie bitte? Was ist das denn für eine Ausdrucksweise?«, fragte sie entsetzt.

»Sorry, ist mir so rausgerutscht.« Er sah zu Helif und versuchte seine Ausdrucksweise mit einem Lächeln zu entschuldigen.

»Schon okay«, sagte Helif. »Sicher ist das kein leichter Job, den ihr da macht.«

»Das entschuldigt nicht alles«, meinte Lisa und machte sich an ihrem PC zu schaffen.

Sie ahnte, dass es ein anstrengender Abend mit Jan werden würde. Und irgendwie wünschte sie sich, dass Helif den nicht miterleben musste.

»Was macht eigentlich deine Gastfamilie?«, fragte sie ihn deshalb und ließ es belanglos klingen.

»Oh, sie freuen sich«, antwortete Helif, »dass ich so eine Chance habe.«

»Willst du sie nicht heute Abend mal wieder besuchen?«

Jan verstand sofort, um was es ging.

»Eine gute Idee«, pflichtete er ihr bei. Seine Gedanken gingen dabei eher in die Richtung, Helif vor weiteren Angriffen auf sein Haus in Schutz zu nehmen.

»Great«, sagte Helif und machte sich auf den Weg. »See you tomorrow.«

Es wurde still im Büro. Jan hatte sich wieder der Pinnwand zugewandt und studierte die Körperteile zum hundertsten Mal.

Lisa setzte sich an ihren Schreibtisch und las irgendwas.

»Das geht so nicht.« Lisa war die Erste, die etwas sagte.

Jan drehte sich um. »Was meinst du?«

»Irgendwas stimmt nicht mit dir«, fuhr sie fort. »Ich mache mir Sorgen.«

»Das musst du nicht …«

»Ich weiß. Aber ich tue es trotzdem. Ich merke doch, wie sehr dir dieser Fall an die Nieren geht.«

»Oh, da täuschst du dich aber ganz gewaltig.«

»Inwiefern? Du bist doch kaum noch ansprechbar, seitdem unser Chef das Interview wie einen Affentanz veranstaltet hat.«

»Und was hat das Bitteschön mit unserem Fall zu tun?«

»Eine ganze Menge, denke ich. Glaub mir, mir hat der Zirkus auch keinen Spaß gemacht, aber ich habe meine Gefühle im Griff.«

»Ach, tatsächlich?«, fragte Jan und baute sich vor ihrem Schreibtisch auf.

»Allerdings«, erwiderte sie und stand ihm kurz darauf gegenüber.

»Und ich habe mich nicht unter Kontrolle, willst du das damit sagen?«

»Es hat jedenfalls den Anschein. Du tickst bei jeder Kleinigkeit förmlich aus.«

»Und das wundert dich? Ich meine, sieh dir doch mal an, was wir hier machen?« Er zeigte auf die Pinnwand. »Wir haben abgehackte Hände und Füße und suchen einen Täter, den wir ganz bestimmt niemals finden werden. Und auf der anderen Seite können unbescholtene Bürger nicht mehr ruhig schlafen, nur weil sie eine andere Hautfarbe als wir haben. Das ist zum Kotzen, wenn du mich fragst.«

Lisa kam noch näher an ihn heran und sah zu ihm hoch. Sie hatte Tränen in den Augen. Sie wusste, wie sehr er litt. Sie verstand ihn ja.

»Es stimmt ja, was du sagst«, flüsterte sie, »doch was sollen wir denn tun?«

Jan sah zu ihr herunter. Dann legte er einen Arm auf ihre Schulter.

»Ich würde es nicht ertragen, wenn Helif wegen uns etwas passiert«, sagte er.

»Ich doch auch nicht.« Lisa schluckte.

»Dann müssen wir dafür sorgen, dass er nicht mehr hier in der Dienststelle ist und auch nicht bei uns wohnt. Nur zu seiner eigenen Sicherheit.«

»Das ist krank. Ich meine, dass er sich verstecken muss, weil ...«

»Ja, sag es ruhig, weil es da draußen kranke Hirne gibt, die meinen, sie könnten König von Deutschland werden, nur weil sie den richtigen Pass haben.«

Er nahm sie in den Arm und hielt sie lange, bis sie sich von ihm löste und offen ansah.

»Jan, seit wann ist Weglaufen die beste Lösung?«

Irritiert sah er sie an. Wie immer hatte sie den Nagel auf den Kopf getroffen.

»Du hast recht. Aber was schlägst du denn vor?«

»Wir machen weiter wie bisher. Helif wird hier mit uns arbeiten und morgen auch wieder bei dir oder bei uns im Haus wohnen. Denn wenn wir uns wegen dieses Angriffs letzte Nacht kleinkriegen lassen, dann haben sie gewonnen. Und das lasse ich auf keinen Fall zu. Ich werde einfach auf dem Sofa schlafen und Wache schieben.«

»He, wenn das einer macht, dann ich«, protestierte Jan sofort. »Und Chief bleibt ab sofort nachts im Haus. Dann kann er Alarm schlagen, wenn sich noch einmal einer so weit zu gehen traut. Mir sind solche Leute fremder als jeder andere, der in unser Land kommt.«

Gerlinde

Sie hatte es in den Nachrichten gehört, dass ein Lkw-Fahrer aus Aurich vermisst wurde. Die Beschreibung traf auf Johann zu. Ob sie sich bei der Polizei melden sollte? Es wäre ihre verdammte Pflicht gewesen. Doch dadurch würde sie in Teufels Küche kommen, wenn ihr Mann davon erfuhr. Sie hatte Johann diesbezüglich angelogen und ihm erzählt, dass sie getrennt lebten. Doch das stimmte nicht. Er saß ihr gegenüber.

»Was ist los?«, fragte er. »Du siehst aus, als hättest du einen Geist gesehen. Kann ich noch Kaffee haben?« Er grinste und beugte sich wieder über seine Zeitung.

»Sicher«, sagte sie geistesabwesend und schenkte ihm nach. Hoffentlich verschwand er bald zu seiner Arbeit. Sie musste jetzt alleine sein und nachdenken.

»Ich geh dann mal los«, sagte er endlich und schnappte sich seine blaue Jacke, die er, obwohl sie ihn immer darum bat, es nicht zu tun, über den Stuhl in der Küche hängte. Immer roch es hier nach altem Öl und Benzin. Manchmal bekam sie Kopfschmerzen davon. Doch sie hatte es aufgegeben, ihn deswegen anzusprechen. Er war ein Egoist, wie er im Buche stand. Wie hatte sie bloß auf ihn reinfallen können? Es musste damit zu tun haben, dass sie sich als Frau unvollständig vorgekommen war, nachdem sie ihren ersten Mann verlassen hatte. Da hatte sie noch von einem spannenderen Leben geträumt. Abends in einer Bar hatte sie sich einen Martini gegönnt und wie durch Zauberhand war ein zweiter vor ihre Nase geschoben worden. So hatte es mit Lothar angefangen. Schon nach einem halben Jahr war sie bei ihm eingezogen und schließlich hatte sie ihn geheiratet. Er wirkte solide und war als Automechaniker bei einem großen Konzern angestellt. Doch das sollte sich bald als langweilig herausstellen. Immer öfter zog er alleine mit seinen Kollegen um die Häuser.

Da war es für sie fast ein Wink des Himmels gewesen, als Johann plötzlich bei ihr am Imbisstresen gestanden hatte. Er war älter als sie. Doch ihr gefielen seine grauen Schläfen. Er hatte nicht dieses männliche Gehabe von Lothar an sich. Er sah aus wie einer, dem man vertrauen konnte. Und als sie sich dann das erste Mal in seinem Laster geliebt hatten, da hatte sie wieder dieses Kribbeln gespürt. Hoffentlich war Johann nichts passiert. Sie konnte sich ja auch irren. Es gab sicher viele Männer in seinem Alter, auf die die Beschreibung passte, beruhigte sie sich. Um sich abzulenken, griff sie schließlich nach einem Staublappen und fing an, zu putzen.

Akkord

Es passte ihm nicht, dass er jetzt schon wieder ein neues Opfer am Hals hatte. Doch was sollte er machen, wenn die Menschen so schlecht waren. Sein Job war härter, als so mancher glauben würde. Doch er konnte es niemandem sagen. Das war das Schlimmste an allem. Er schuftete hier im Geheimen und konnte es keinem sagen. Noch nicht. Doch irgendwann, da kam der Tag, an dem es jeder hören konnte, der wollte. Und die anderen auch. Denn man würde sein Werk bewundern. Ihn dafür achten, dass er sich um sie gesorgt hatte. Er erwartete ja nicht, dass man ihm einen roten Teppich ausrollte. Doch ein wenig Anerkennung, ja, die hätte er sich eines Tages verdient.

Und so plumpste Johann leblos auf einen anderen Körper. Es war ein Mann, den er nie kennen lernen würde. Doch das war für den, der sich jetzt an seiner Jacke zu schaffen machte, völlig gleichgültig. Dann fand er endlich, wonach er gesucht hatte. Das Portemonnaie war noch da. Der Inhalt interessierte ihn nicht. Er warf das alte lederne Ding achtlos in einen Eimer mit einer Flüssigkeit, die nichts davon übriglassen würde.

Er hatte noch gut eine halbe Stunde Zeit, bis Johann wieder aufwachte, überschlug er im Kopf. Er kannte ihn schon von früher, als sie noch Kinder waren. Da waren sie beide noch unschuldig gewesen.

Jetzt knöpfte er sich den Mann vor, der unter Johann gelegen hatte. Leider war er schon tot und es würde ihm keine Freude bereiten, ihm die letzte Behandlung zuteilwerden zu lassen. Er hievte den Mann auf den Tisch, legte ihn auf den Rücken und holte seine Kettensäge. Festbinden musste er ihn nicht. Mechanisch setzte er dann an und innerhalb kürzester Zeit gab es nur noch Einzelteile, die mal einen Menschen zusammengehalten hatten.

Johann war schon immer ein widerstandsfähiger Kerl gewesen. Kräftig und muskulös mit leichtem Bauchansatz, sagte sein Hausarzt immer. Und vielleicht lag es an dieser Konstitution, dass sein bisschen Leben, das noch in ihm war, sich den Plänen seines Entführers widersetzte. Durch den Lärm, den die Kettensäge verursachte, war er außerplanmäßig zu sich gekommen. Und bei dem, was er jetzt mit ansehen musste, wünschte er sich augenblicklich den Tod. Denn er wusste im selben Moment, dass ihm genau das auch noch bevorstand.

Am liebsten hätte er seine Augen geschlossen und aufgehört zu atmen. Doch wie es immer so im Leben war, da war etwas in einem, das genau das Gegenteil von dem machte, was man eigentlich wollte. Und so sah Johann dabei zu, wie ein Fuß zu Boden fiel. Warum schrie der Mann nicht, dem das angetan wurde?, fragte er sich. Um aufzustehen, fehlte ihm die Kraft. Und außerdem waren seine Füße und Hände zusammengebunden, das konnte er spüren. Sein Atem ging ganz flach. Er versuchte, seinen Blick abzuwenden und den Raum zu erkunden. Es war dunkel. Und es roch, als hätte hier jemand einen Friedhof ausgehoben und alles, was im Erdreich zu finden war, hierhertransportiert.

Nur über dem Tisch, auf dem der Mann lag, dem das Unbeschreibliche angetan wurde, da baumelte eine Glühbirne, die nur in der Fassung gehalten wurde. Hin und wieder erwischte der Lichtschein auch den anderen Mann, der wie im Wahn immer wieder die Säge ansetzte und durch den Körper des anderen fahren ließ. Bestimmt war der Mann schon lange tot, dachte Johann, und wünschte es ihm inständig.

Würde es jetzt noch Sinn machen, an etwas Schönes zu denken, bevor es vorbei war? Bekam er jetzt seine gerechte Strafe, weil er etwas mit Gerlinde angefangen hatte? Steckte am Ende Talea dahinter, um sich an ihm zu rächen? Nein, das war einfach zu abwegig. Wenn Talea sich rächte, dann, indem sie ihm keine Brote für seine Tour schmierte. Es waren die kleinen Dinge, um die sie sich sorgte. Und es war nicht ihre Schuld, dass sie so lange verheiratet waren und er das Interesse an ihr verloren hatte. So war das eben in einer langen Ehe. Niemand konnte etwas dafür.

Jetzt wechselte der Schlächter die Seite und Johann konnte ihn von vorne sehen. Die Lampe schaukelte immer noch sachte über dem Tisch, auf dem nur noch ein Torso übriggeblieben war.

Und dann geschah etwas, das Johann nicht begreifen konnte. Er kannte den Mann mit der Säge.

Am Abend

Jan und Lisa saßen alleine in der Küche in Tannenhausen. Chief lag unter dem Tisch, weil über ihn ein Ausgehverbot verhängt worden war, was ihm aber nicht das Geringste auszumachen schien. Er schnarchte.

»Wir sind in der Defensive«, sagte Jan, »das gefällt mir nicht.«

»Ist man das nicht immer bei einer Ermittlung?«, entgegnete Lisa. Sie hatte einen Salat gemacht und holte jetzt die Pizza aus dem Ofen.

»Nicht so wie jetzt«, beharrte Jan. »Wir sitzen hier wie Gefangene im Haus und warten darauf, dass wieder jemand angreift. Ich meine uns persönlich. Das ist eine ganz andere Hausnummer, als wenn es um eine normale Ermittlung geht.«

»Sicher, da gebe ich dir recht. Aber wir dürfen das Ganze auch nicht zu nahe an uns herankommen lassen. Es ist ja nicht das erste Mal, dass wir als Ermittler bedroht werden, oder?«

»Es geht ja gar nicht um uns«, meinte Jan und öffnete eine Rotweinflasche und goss beiden ein. »Im Prinzip werden wir in unserer freien Entscheidung beschnitten, hier Menschen wie Helif zu beherbergen.«

»Übertreibst du nicht ein bisschen?«

»Nein, ich denke nicht. Es ist eine Art Freiheitsberaubung, wenn andere beobachten, was wir tun und dann Maßnahmen ergreifen, weil es ihnen nicht gefällt, was wir machen.«

Lisa verstand ansatzweise, wovon er sprach. Doch sie hatte das Gefühl, dass sie völlig von ihrem Fall abkamen. Und außerdem würde man die Leute, die in der Nacht Steine in die Fenster warfen, sowieso niemals ermitteln können. Das war doch immer so. Viel lieber wäre es ihr, wenn sie sich jetzt endlich wieder um ihre eigentliche Ermittlung kümmern würden. Johann Schmees war immer noch nicht wieder zuhause. Das war ihr Job.

»Wir müssen uns wieder auf unseren Fall konzentrieren«, sagte sie dann auch.

»Ich weiß«, erwiderte Jan. »Doch ich frage mich langsam, wer eigentlich hier im Land ein Fremder ist. Manchmal kommt es mir so vor, als sei ich es.«

Schließlich schaffte Lisa es dennoch, das Ruder wieder rumzureißen. Und am Ende ging es wieder um den Menschensammler, wie sie ihn heimlich nannten.

»Er sortiert aus«, sagte Lisa. »Aber wie geht er vor?«

Jan hatte sich halb aufs Sofa gelegt und seinen Arm auf die Lehne gestützt.

»Um da ein Muster zu erkennen, müssten wir wissen, welche Menschen er sich aussucht«, meinte er. »Wie sollen wir sonst die dunkle Seite in ihrem Leben finden, die sie zu Opfern macht?«

»Ja, das stimmt. Aber mal angenommen, Johann Schmees ist auch ein Opfer seines Schemas geworden. Dann ist seine dunkle Seite vielleicht, dass er seine Frau betrogen hat.«

»Du meinst, der Täter sammelt Menschen, die ihre Partner betrügen? Dann wäre Ostfriesland bald verwaist, würde ich sagen.«

»Nicht, wenn wir ihn stoppen können«, grinste Lisa. »Aber mal im Ernst, es muss ja nicht immer nur ums Fremdgehen gehen. Es könnte doch das Lügen allgemein sein, was unserem Täter bitter aufstößt.«

»Dann wäre das Ergebnis ähnlich. Jeder lügt doch mal.«

»Du auch?«

»Jeden Tag, wenn ich zur Arbeit gehe. Mein ganzes Leben ist eine einzige Lüge.«

»Oh, bitte nicht wieder so pathetisch«, mahnte Lisa. »Wir waren gerade auf einem richtigen Weg.«

»Das könnte es sein«, meinte Jan, »der Täter sucht Menschen aus, die nicht auf dem richtigen Weg sind, jedenfalls nach seiner Definition.«

»Ob es etwas mit dem Glauben zu tun hat?«

»Das wäre eine Möglichkeit. Vielleicht waren die Opfer Abtrünnige, die der Kirche den Rücken gekehrt hatten.«

»Ein kleiner Lichtblick, würde ich sagen. Wir sollten morgen noch einmal mit Talea Schmees darüber sprechen, ob ihr Mann ein Kirchgänger war.«

»Sicher, warum nicht.«

Lisa gähnte. »Schon nach zwölf. Ich glaube, ich leg mich schlafen.«

»Okay, ich schiebe hier mit Chief Wache.«

»Sicher«, lachte Lisa und zeigte auf den Tisch, unter dem ein Hund genüsslich schnarchte.

Die ganze Wahrheit?

»Helif kommt nicht wieder«, sagte Lisa und legte den Telefonhörer in der Dienststelle auf.
»Warum nicht?«, fragte Jan. »Ist etwas passiert?«
»Der Gastvater hat eben angerufen. Aus Gründen der Sicherheit für seinen Gast im Gastland, genauso hat er es ausgedrückt, könnte er es nicht mehr verantworten, dass Helif bei uns in der Dienststelle sei.«
Jan wollte etwas Passendes erwidern, doch dann wurde ihm klar, dass der Mann eigentlich recht hatte. Und vermutlich war ihm die Hutschnur gerissen, als Helif dann auch noch im Haus eines Polizisten Angriffen ausgesetzt gewesen war.
»Vielleicht ist es wirklich besser so«, sagte Jan, »doch es fühlt sich wie eine Kapitulation an, wenn du mich fragst.«
»Das ist es bestimmt auch. Aber der Kontakt zu Helif muss ja nicht abreißen. Das habe ich dem Mann eben auch gesagt. Er versteht, dass wir genauso geschockt sind wie er und seine Frau, aber er besteht darauf, dass Helif hier nicht wieder herkommt.«
Ist das die ganze Wahrheit?, fragte sich Jan, dass man sich dem Willen einiger Verrückter unterwerfen muss?

Dann setzten sie sich in den Wagen und fuhren zu Talea Schmees. Es gab immer noch kein Lebenszeichen ihres Mannes.

Sie machte im Morgenmantel auf. Und gleich war es schon zehn Uhr, dachte Lisa irritiert und wechselte einen kurzen Blick mit Jan.

»Wir müssten Ihnen noch ein paar Fragen stellen«, sagte sie zu Talea, »dürfen wir reinkommen?«

»Haben Sie etwas von Johann gehört?«, fragte sie ängstlich und zog ihren Morgenrock vorne noch fester zusammen.

Lisa schüttelte mit dem Kopf.

Talea führte die beiden ins Wohnzimmer und ging nach oben, um sich etwas anderes anzuziehen.

»Soll ich einen Tee machen?«, fragte sie, als sie wieder nach unten kam.

Jan und Lisa lehnten dankend ab.

»Sie haben also noch nichts von Johann gehört?«

»Nein, leider nicht«, antwortete Lisa.

»Aber jetzt gehen Sie auch davon aus, dass er nicht einfach nur abgehauen ist, richtig?«

»Gingen Sie denn davon aus?«, stellte Jan eine Gegenfrage.

»Natürlich nicht«, antwortete sie entrüstet. »Dann hätte ich ja wohl kaum die Polizei gerufen.«

»Sie erwähnten dem Kollegen gegenüber etwas von einem Verdacht, den Sie gegen Ihren Mann hegen bezüglich einer anderen Frau«, sagte Lisa.

»Pah, so kann man's auch sagen.« Talea setzte sich in einen hellgrauen Sessel. »Er hat mich angelogen«, fuhr sie fort. Da kann man dann wohl davon ausgehen, dass eine andere Frau dahintersteckt. Oder wie sehen Sie das?«

»Wahrscheinlich«, bestätigte Lisa. »Und ein Kollege hat sich nach Johann erkundigt, weil er nicht zum Grillfest kam, richtig?«

»Ja, genauso war es. Das kam mir da schon komisch vor. Eigentlich hat sich Johann nämlich auf dieses Fest gefreut und sprach schon seit Wochen von nichts anderem mehr. Wissen Sie, er hat gerne mal einen mit den Kollegen gehoben … so sind sie eben, die Männer.«

Ein Lächeln umspielte ihre Mundwinkel und Jan ging davon aus, dass sie ihm auch einen Seitensprung verzeihen würde, weil das eben zu einem richtigen Mann gehörte. Wenn er nur wieder nach Hause käme. Das stand ihr ganz deutlich ins Gesicht geschrieben. Sie wollte nicht ohne ihn sein. Auf gar keinen Fall.

»Haben Sie eine Ahnung, wer diese andere Frau sein könnte?«, fragte Lisa vorsichtig.

»Wenn ich das wüsste, dann wäre ich längst dort«, sagte Talea bestimmt.

Also wieder nichts, dachte Jan, wo sie ansetzen konnten.

»Es war die Rede von einem Platten«, fuhr Lisa fort. »Das hat ihr Mann doch behauptet, oder?«

»Ja genau«, bestätigte seine Frau.

»Und wo will er den gehabt haben?«

»Irgendwo auf einer Raststätte kurz vor Meppen«, antwortete Talea, »das hat er jedenfalls gesagt. Aber bestimmt war das auch gelogen.« Ihr Blick verfinsterte sich wieder.

»Okay«, sagte Lisa. »Sobald Sie etwas von Ihrem Mann hören, melden Sie sich bitte.«

Talea nickte und blieb im Sessel sitzen, als Jan und Lisa gingen.

»Wir könnten Richtung Meppen fahren«, meinte Lisa, als sie wieder im Wagen saßen.

Jan nickte und startete den Wagen. »Besser als nichts«, sagte er, »auch wenn kurz vor Meppen alles bedeuten kann.«

Gute zwei Stunden später machte sie ihren ersten Stopp. Es ging auf die Mittagszeit zu und zahlreiche

Reisende machten auf ihrem Trip in den Norden Halt, um sich für die Weiterfahrt zu stärken. Auch etliche Brummis standen auf dem für sie ausgewiesenen Parkplatz.

»Lass mich mit den Lkw-Fahrern reden und versuch du es im Restaurant«, schlug Lisa vor. »Männer reagieren einfach entspannter, wenn sie von einer hübschen Frau befragt werden.«

Eine halbe Stunde später trafen sie sich wieder im Wagen. Jan hatte einen Coffee to go und zwei belegte Brötchen mitgebracht.

»Du zuerst«, sagte Lisa und nahm sich das mit Käse und biss gierig hinein. Sie hatte Hunger.

»Johann Schmees ist öfter hier eingekehrt«, sagte Jan, der sich von Talea ein Foto hatte geben lassen. »Mit einer Angestellten im Imbiss soll er ganz besonders befreundet gewesen sein. Aber sie arbeitet nicht mehr hier.«

»Hast du ihren Namen?«

»Sicher. Gerlinde Kolben. Sie wohnt etwa fünfzehn Kilometer von hier.«

»Super. Bei mir war es ähnlich. Einige Fahrer konnten sich gut an Johann beziehungsweise seinen Laster erinnern. Man tauschte ab und zu ein paar Sätze aus, das war's dann aber auch schon. Sie konnten nicht sagen, ob er sic hier mal mit jemandem getroffen hat.«

»Na gut«, sagte Jan, »dann fahren wir gleich zu Gerlinde Kolben.«

Sie aßen ihre Brötchen und tranken den Kaffee, bevor es weiterging.

»Nicht schlecht«, sagte Jan, als sie vor ihrem Haus standen. Ein weißer Bungalow mit gepflegtem Vorgarten, in dem ein Mann mit einem Rasenmäher auf und ab lief.

»Sie scheint verheiratet zu sein«, meinte Lisa.

»Das ist Johann doch auch.«

Jan stellte den Wagen ab und sie stiegen aus.

Sie erfuhren von Lothar Kolben, dass seine Frau beim Arzt sei und jeden Moment zurück sein müsse. Auf die Frage, ob er Urlaub hätte, antwortete er nur ausweichend.

»Macht es Ihnen etwas aus, wenn wir auf Ihre Frau warten?«, fragte Lisa, als er schon wieder mit dem Rasenmäher weiterschieben wollte.

»Worum geht es denn überhaupt?«, fragte er jetzt neugierig und stellte den Motor ab.

»Routinefragen«, antwortete Jan. »Ihre Frau hat doch in dem Imbiss an der Raststätte gearbeitet.«

Lothar Kolben nickte. »Aber nicht lange, sie konnte den Gestank da nicht ab. Sie können sich von mir aus auf die Terrasse setzen und warten«, sagte er schließlich widerwillig. »Aber ich muss weiter mähen.« Er startete den Motor wieder und fuhr mit seiner Gartenarbeit fort.

»Komischer Typ«, meinte Lisa, »kein Wunder, wenn die Frau ein Verhältnis hat.«

»Du meinst, sie und der Schmees hatten was miteinander?«

»Da verwette ich deinen Hintern.«

Jan musste lachen. »Es würde dir um ihn leidtun.«

Sie sahen Lothar Kolben dabei zu, wie er immer wieder den Fangkorb leerte und am Ende die Rasenkanten mit einer unhandlichen Schere bearbeitete.

»Wer sind Sie?«, hörten sie plötzlich eine Frauenstimme hinter sich und drehten sich synchron nach ihr um.

Das rote kräftige Haar stach Jan als Erstes ins Auge. Und Lisa sah neidisch auf den großen Busen, der sie ungeniert aus einem hauteng sitzenden Shirt angrinste.

Lisa stellte sie schließlich beide vor und sie standen auf.

»Johann?«, fragte sie zaghaft und sah unsicher in den Garten. Lothar war in sicherer Entfernung und konnte sie nicht hören. »Ja, ich kenne ihn. Ist etwas passiert?«

»Das wissen wir noch nicht«, antwortete Lisa. »Aber er wird vermisst.«

»Das habe ich im Radio gehört«, sagte Gerlinde und hielt ihre Hand vor den Mund.

»Sie kennen Johann Schmees gut?«, fragte Lisa.

»Na ja ... ich habe im Imbiss gearbeitet, da hat er öfter mit seinem Laster Halt gemacht. Wir kamen ins Gespräch.«

»Und war da noch mehr?«, ließ Lisa nicht locker.

Gerlindes Blick wanderte wieder in den Garten, wo Lothar jetzt an den Rosen herumzupfte.

»Er wird nicht erfahren, worüber wir uns hier unterhalten«, versprach Lisa. Zunächst jedenfalls nicht, fügte sie in Gedanken hinzu. Denn noch wusste man ja nicht, was mit Johann Schmees geschehen war.

Dann erzählte Gerlinde schließlich von dem Verhältnis, das sie mit Lothar seit fast einem Jahr hatte. Hin und wieder träfen sie sich auf dem Rastplatz.

»Und Ihr Mann weiß nichts davon?«, fragte Jan. Er konnte sich nicht vorstellen, dass diesem Kleinkrämer, der jetzt auch noch den letzten abgeschnittenen Grashalm vom Rasen klaubte, etwas derart Elementares entgehen konnte.

»Nein, Lothar weiß nichts, sonst würde ich bestimmt nicht mehr hier sitzen.« Sie bereute sofort, was sie gesagt hatte. »Aber er ist kein schlechter Mensch«, fügte sie schnell hinzu.

»Sie denken also, er würde Ihnen etwas antun, wenn er wüsste, dass Sie ihn betrügen?«

Lothar ließ gerade mit voller Wucht ein blitzeblankes Beil in einen abgestorbenen Ast eines Fliederbuschs fahren und die Drei zuckten zurück.

Ausgehaucht

Johann Schmees war schon tot, als Jan und Lisa mit seiner Frau Talea und später mit Gerlinde gesprochen hatten. Er wurde gerade in seine Einzelteile zerlegt und die Hände und Füße wurden zu anderen Händen und Füßen in einen Sack gepackt.

Langsam artete es wirklich in Stress aus, dachte er. Und dabei war Johann gar nicht geplant gewesen. Er hatte ihn zufällig beim Baumarkt getroffen und sie waren ins Gespräch gekommen. Die Rede kam natürlich auch auf das, was Johann und seine Frau an einem besagten Freitag auf der Landstraße nach Rechtsupweg gefunden hatten. Und irgendwie hatte er das Gefühl, dass Johann ihn merkwürdig ansah dabei. Zunächst waren es nur die Hände gewesen, auf die seine Blicke fielen. Und dann hatte er sich auf dem Parkplatz umgesehen und nach seinem Wagen gefragt.

Warum hatte Johann das nur getan? Sie kannten sich doch schon so lange und unterhielten sich auch oft in der Kneipe miteinander. Ja, sie hatten schon so manchen politischen Streit miteinander ausgefochten, weil Johann eher zum konservativen Lager gehörte und er selber irgendwann zu den Grünen gewandert war. Nach seiner

Meinung spielte man der Natur und den Tieren übel mit und die Ökopartei schien ihm die letzte Hoffnung zu sein.

Doch, es hatte ihm in der Seele weh getan, als Johann in sich zusammengesackt war. Er konnte doch nicht wirklich wissen, dass er dahinter steckte. Doch dann war es zu spät gewesen für eine Umkehr. Es hatte ihm auch keinen Spaß gemacht zuzusehen, wie Johann mit seinen Augen um sein Leben bettelte. Da waren ihm sogar ein paar Tränen in die Augenwinkel gekrochen. Mensch, verdammte Scheiße, hatte er gedacht. Dann hatte er die Säge angesetzt und einfach nicht hingesehen, als sie Johanns ersten Fuß abtrennte. Manche Dinge mussten einfach getan werden, damit alles wieder gut wurde.

In Tannenhausen

Jan und Lisa waren wieder nach Hause gefahren und saßen jetzt auf der Terrasse und aßen eine Pizza, die sie unterwegs mitgenommen hatten.

»Irgendwie fehlt mir Helif«, sagte Lisa, »findest du das komisch?«

»Nein, überhaupt nicht. Man kann sich schnell an Menschen gewöhnen. Vor allem, wenn sie so freundlich und unkompliziert sind.«

»Deshalb hat es bei mir wohl etwas länger gedauert, bis ich hier einziehen durfte«, lachte Lisa.

»Hältst du dich etwa für schwierig?«

Sie schüttelte den Kopf. »Oder ja, doch, vielleicht ein bisschen.«

»Das sehe ich nicht so. Du bist vielleicht nur ein wenig ...«

»Was?«, drängelte sie, als es ihr zu lange dauerte. »Was bin ich nur ein wenig?«

Jan ließ sie zappeln. »Ach, ich weiß gar nicht, wie ich es nennen soll. Aber schon damals, als wir unseren ersten Fall am Großen Meer zusammen gelöst haben, da hatte ich den Eindruck, als wenn du über den Dingen stehen würdest.«

»Wie bitte? Ich? Also, das halte ich nun wirklich für völlig übertrieben. Ich bin doch nicht überheblich«, entrüstete sich Lisa.

»An Überheblichkeit hatte ich auch nicht gedacht.«

»Sondern?«

»Du bist anderen immer einen Schritt voraus, würde ich sagen.«

»Ich weiß nicht, eigentlich habe ich eher das Gefühl, dass ich auf der Stelle trete. Ich komme nicht weiter, weder privat noch im Job.«

»Das ist genau der Punkt. Du bist deiner Zeit voraus und hast deshalb das Gefühl, dass alles andere stehenbleibt.«

»Das hieße dann wohl, ich gehöre nicht dazu.«

»Du bist eine Fremde im System«, lachte Jan.

»Das musst du gerade sagen«, erwiderte sie. »All das, was du da erzählst, könnte man genauso auf dich übertragen.«

»Ich bin schon immer ein Fremder gewesen.«

Sie sprachen nicht mehr weiter, um die schöne Stimmung, die sich entwickelt hatte, zu erhalten. Dann klingelte Jans Handy.

Ein Kollege berichtete, dass man eine Spur hinsichtlich des Steinewerfers auf sein Haus gefunden hatte.

»Das klingt gut«, sagte Jan, der gar nicht damit gerechnet hatte.

»Kommt darauf an«, erwiderte der Kollege, »denn der Mann gilt seit drei Tagen als vermisst. Seine Frau hat es aber heute erst gemeldet. Sie dachte, er treibt sich wieder rum. Meistens war er dann nach zwei Tagen zurück.«

»Okay, klingt alles sehr merkwürdig. Wir kommen am besten in die Dienststelle.«

Er legte auf und sie machten sich auf den Weg.

Die Kollegen waren gleich, nachdem Brigitte Wellers die Meldung aufgegeben hatte, an die Arbeit gegangen. Unter den gegebenen Umständen waren alle in Alarmbereitschaft. Die Bevölkerung bombardierte die Dienststelle mit immer ängstlicheren Fragen und aus Osnabrück wurde ordentlich Druck gemacht, weil man den »Schlächter aus Ostfriesland«, wie ihn schon alle nannten, immer noch nicht dingfest hatte machen können. Und wenn jetzt auch noch Menschen am laufenden Band verschwanden, dann galt Alarmstufe dunkelrot.

»Wie seid ihr denn darauf gekommen, dass er mit dem Anschlag auf mein Haus zu tun hat?«, fragte Jan.

»Es waren die Abdrücke, die wir bei dir genommen hatten«, erwiderte der Kollege. »Es handelte sich dabei um ganz spezielle Schuhe, die nur wenige tragen. Sie werden aus den USA importiert und werden in der Regel nur im Kampfeinsatz gebraucht.«

»Kampfeinsatz?«, fragte Jan und runzelte die Stirn.

»Na ja, eben Militärschuhe. Und als wir bei der Frau zuhause waren, da standen genau solche im Flur. Das war reiner Zufall, dass wir gleich so einen Treffer gelandet haben.«

»Das bedeutet also, er war bei dem Anschlag auf jeden Fall dabei«, stellte Jan noch einmal fest. »Und jetzt wird er vermisst. Was kann das bedeuten?«

»Keine Ahnung. Aber seine Frau ist sich sicher, dass etwas nicht stimmt. Er war wie gesagt sonst immer recht schnell wieder da, wenn er mal unterwegs war.«

»Unterwegs heißt was?«

»Da müsstest du vielleicht mit der Ehefrau direkt sprechen«, schlug der Kollege vor und nannte Jan die Adresse.

»Komm«, sagte Jan zu Lisa, »wir fahren da mal vorbei.«

Brigitte Wellers war klein und schmal und rauchte offensichtlich viel, denn der Aschenbecher auf dem Küchentisch war randvoll und stank entsetzlich.

»Wann haben Sie ihren Mann das letzte Mal gesehen?«, fragte Lisa, während Jan seinen Blick durch die Küche wandern ließ. Es wirkte alles insgesamt irgendwie sauber. Und doch war da dieser Aschenbecher.

»Das habe ich doch Ihren Kollegen schon gesagt, vor drei Tagen. Er ist wie immer zur Arbeit gegangen.«

»Wo arbeitet er denn?«

»Im Moment als Aushilfe bei einer Gärtnerei in Ihlow. Vielleicht stellen die ihn ganz ein, das steht noch nicht fest.«

»Sie sagten, dass es nicht ungewöhnlich ist, wenn er mal ein zwei Tage nicht nach Hause kommt. Ist das richtig?«

Brigitte Wellers nickte. »Ja, das kommt schon mal vor. Aber drei Tage, das habe ich noch nicht erlebt.«

»Und wo hält er sich auf, wenn er nicht nach Hause kommt?«

Die Frau zuckte mit den Schultern und die zu lang gewordene Asche ihrer Zigarette fiel auf den Tisch. Sie kümmerte sich nicht darum.

»Das weiß ich ehrlich gesagt nicht«, antwortete sie.

»Und da machen Sie sich keine Sorgen?«

Sie lachte auf. »Sie kennen Walter nicht. Der hatte schon immer seinen eigenen Kopf. Ich habe ihn so kennen gelernt. Hätte ich dem was verboten, oder dumme Fragen gestellt, dann würde ich jetzt nicht hier sitzen.«

Eine merkwürdige Art der Beziehung, dachte Jan, obwohl er bestimmt zu denen gehörte, die wert darauf legten, dass man sich in einer Partnerschaft nicht verlor.

»Woher hat Ihr Mann die Stiefel, die draußen im Flur stehen?«, fragte er jetzt.

»Stiefel? Keine Ahnung«, sagte sie und hustete stark. »Ich kaufe nicht für ihn ein. Das macht der alles selber.«

Tja, vielleicht auch, weil er etwas zu verbergen hat, dachte Jan.

»Ihr Mann steht in dringendem Verdacht, an einem Anschlag auf ein Privathaus beteiligt gewesen zu sein.«

Im ersten Moment fehlten ihr die Worte.

»Was für ein Anschlag?«, fragte sie und kniff die Augen zusammen.

»Näher kann ich im Moment nicht darauf eingehen. Aber die Tat scheint politisch motiviert gewesen zu sein. Gehört Ihr Mann einer Partei an?«

Sie griff nach der Schachtel auf dem Tisch und zündete sich eine neue Zigarette an.

»Wissen Sie es nicht, oder wollen Sie es uns nicht sagen?«, fragte Jan, als es ihm zu lange dauerte.

»Wenn er beschuldigt wird, dann muss ich nicht aussagen«, sagte sie und blies den Rauch in Jans Richtung.

Irgendetwas sagte ihm, dass Walter Wellers in etwas verstrickt war, von dem seine Frau keine Ahnung hatte. Er ließ sich den Namen des Gartenbaubetriebes geben, bei dem er beschäftigt war.

»Irgendwie unheimlich, in welchem Tempo die Menschen jetzt verschwinden«, sagte Lisa, als sie wieder im Wagen saßen.
»Allerdings. Morgen früh fahren wir als Erstes zu dem Betrieb. Vielleicht können die uns da etwas mehr zu seinen kruden Freizeitaktivitäten erzählen.«
»Und jetzt?«
Jan zuckte mit den Schultern. »Keine Ahnung. Hast du einen Vorschlag?«
»Ja, lass uns nach Hause fahren und dann grübeln wir dort bei einem Glas Wein in Ruhe weiter.«
Er nickte und startete den Wagen.

Sie fuhren die Landstraße Richtung Tannenhausen entlang und ließen ihre Gedanken schweifen. Es war fast achtzehn Uhr und jede Menge Wagen kamen ihnen entgegen, so dass Jan lange brauchte, um endlich einen Überholvorgang eines Treckers zu beginnen, hinter dem er mindestens fünf Minuten im dritten Gang hergeschlichen war.

»Na endlich«, sagte er genervt und schaltete in den zweiten Gang zurück. Noch im Vorbeifahren sah er plötzlich zu Lisa herüber, die sich ihm zugewandt hatte. »Denkst du genau dasselbe, was ich denke?«, fragte er plötzlich.

Sie nickte. »Es könnte doch auch ein Trecker gewesen sein, der den Sack mit den Leichenteilen verloren hat.«

»Genau. Und so einen Trecker, den findet man bestimmt auch in einem Gartenbaubetrieb.«

»Du meinst, der Wellers könnte auch unser Täter sein?«

»Keine Ahnung. Aber dass er verschwunden ist und er zu den Steinewerfern gehört, macht ihn auf jeden Fall verdächtig.«

»Dann sollten wir sofort zu dem Unternehmen fahren, auch wenn es schon spät ist. Der Chef wird doch länger da sein als seine Angestellten.«

»Du hast recht«, sagte Jan und nahm die nächste Straße, die nach Ihlow führte.

Lothar

Sie hatte gewusst, dass der Tag für sie gelaufen war, nachdem die Polizisten wieder gegangen waren. Ihr Mann war unberechenbar, wenn er die Kontrolle verlor.

Es hatte immerhin bis zum Abend gedauert, bis er das erste Mal über den Tisch langte.

Als sie anfing zu weinen, hatte er kommentarlos das Haus verlassen.

Sie wusste nicht, wohin er ging. Und im Grunde war es ihr auch egal. Es war nicht das erste Mal gewesen, dass ihm die Hand ausgerutscht war. Und vielleicht war das auch der Grund, warum sie sich mit Johann eingelassen hatte. Er war so ganz anders als Lothar. Er hörte ihr zu und brachte ihr oft Geschenke mit, wenn sie sich trafen.

Bei dem Gedanken an die zärtlichen Umarmungen von Johann zog sich ihr Herz zusammen. Er war immer noch verschwunden. Was war ihm bloß geschehen? Ob Lothar etwas damit zu tun hatte? Konnte er wissen, dass sie ein Verhältnis hatte mit ihm? Sie war doch immer vorsichtig gewesen und hatte sich nur mit Johann auf dem Rastplatz getroffen, wenn Lothar auswärts arbeitete. Sie wusste ja, wie wütend er werden konnte. Er hätte bestimmt sie umgebracht und nicht seinen Nebenbuhler, dachte sie verzweifelt. Auf jeden Fall zuerst. Oder irrte sie sich da? Es wäre durchaus möglich, dass er ihren Wagen gesehen hatte, als er auf dem Rastplatz stand, während sie mit Johann ... aber Lothar war keiner, der sich so lange im Zaum hätte halten können. Er wäre sofort ausgestiegen und hätte nach ihr gesucht. Und zum anderen wäre es ja auch denkbar gewesen, dass sie dort nur die alten Kolleginnen besuchte, selbst wenn er an dem Rastplatz vorbeigekommen sein sollte.

Nein, im Prinzip konnte Lothar nichts von ihrem Verhältnis gewusst haben.

Ihre Wange brannte. Sie ging zum Spülbecken und tränkte ein Geschirrhandtuch mit kaltem Wasser und drückte es sich aufs Gesicht.

Was sie nicht wusste, war, dass Lothar draußen vorm Fenster stand und jeden ihrer Schritte beobachtete. Bisher hatte sie nicht zum Telefon oder zu ihrem Handy gegriffen. Vielleicht war das der Grund, dass sie überhaupt noch lebte. Denn er hätte sie umgebracht, wenn sie auch nur auf die Idee kommen sollte, einem anderen Mann schöne Augen zu machen.

Er wollte sie doch gar nicht schlagen. Doch sie ließ ihm keine andere Wahl. Schon, als er sie ihrem ersten Ehemann ausgespannt hatte, da hegte er so seine Zweifel an ihrer Treue. Natürlich, denn sie hatte sich ja auch mit ihm eingelassen. Und dann hatte er sie beobachtet, wie sie auf den Rastplatz gefahren war, als er eigentlich noch in Dortmund sein sollte. Doch er hatte sich früher freigenommen, weil sein Rücken ihm wieder starke Schmerzen bereitet hatte. Er hatte nur noch nach Hause gewollt.

Und als er dann die Autobahn hochfuhr, da meinte er, sie gesehen zu haben. Er hatte es niemals ihr gegenüber erwähnt. Vielleicht besuchte sie ja nur ihre ehemaligen Kollegen.

Doch wenn sie so handelte, Geheimnisse hinter seinem Rücken hatte, war es da ein Wunder, dass er ab und zu ausrastete? Im Grunde hatte sie doch selber Schuld.

Der Mörder ist immer der Gärtner?

Das Tor zum Gartenbaubetrieb stand noch weit offen. In der Regel hatte diese Berufssparte im Frühjahr am meisten Arbeit.

»Sie sind der Chef hier?«, fragte Jan, als sie auf einen in grüne Arbeitskleidung steckenden Mann trafen, der sie gar nicht wahrgenommen hatte.

Jetzt sah er erschrocken auf. »Ja, der bin ich. Was kann ich denn für Sie tun? Eigentlich wollte ich gleich zumachen.«

»Polizei Aurich«, klärte Jan auf und beobachtete, wie ein anderer Mitarbeiter einen Trecker in eine große Halle fuhr. »Wir möchten uns nach einem ihrer Angestellten erkundigen, Walter Wellers.«

»Walter?« Der Mann zog seine Schirmmütze vom Kopf und kratzte sich an der Stirn. »Den hab ich schon seit Tagen nicht mehr gesehen. Wegen mir braucht der auch nicht wiederkommen. Wenn man sich nicht auf die Leute verlassen kann, dann bringt das nichts.«

»Aber gekündigt hat er nicht, oder?«

»Ne. Aber kommt doch aufs Gleiche raus, wenn er nicht mehr auftaucht. War's das dann? Irgendwann will ich ja auch mal nach Hause.«

»Nur eine Frage noch«, sagte Jan, »haben Sie nur den einen Trecker, der gerade reingefahren wurde?«

»Nein, wir haben insgesamt drei. Wieso fragen Sie?«

»Und die sind alle hier?«

»Ja sicher. Wo sollen die denn sonst sein?«

»Hat Wellers sich vielleicht ab und zu mal einen ausgeliehen?«

Der Mann dachte kurz nach. »Meine Mitarbeiter leihen sich dauernd irgendwas, um ihren eigenen Garten in Ordnung zu bringen. Natürlich auch mal einen Trecker. Aber Walter? Ne, der hat nie einen Trecker mitgenommen.«

»Okay, vielen Dank für Ihre Zeit«, sagte Jan. »Könnten wir vielleicht nochmal kurz einen Blick in Ihre Halle werfen, bevor sie zumachen?«

Der Mann verzog das Gesicht. »Aber beeilen Sie sich.« Dann ging er weiter und griff nach einer Karre, die im Weg stand.

Die Trecker standen neben vielen anderen Gartengeräten in der Lagerhalle. Ein junger Mann räumte gerade auf.

»Wir sind von der Polizei«, erklärte Lisa. »Ihr Chef hat erlaubt, dass wir uns hier kurz umsehen.«

»Wegen mir«, sagte der junge Mann und zog einen großen grünen Sack weiter mit sich.

»Sie kennen Walter Wellers?«

Er blieb stehen. »Sicher. Aber ich glaube, der hat hier jetzt verschissen.«

»Wie meinen Sie das?«

»Na, der fehlt schon seit Tagen unentschuldigt. Dann ist meistens Schicht im Schacht.«

»Waren Sie mit ihm enger befreundet?«

Der junge Mann lachte auf. »Mit der braunen Zecke? Nie im Leben.«

»Wie meinen Sie das denn?«

Er machte eine abwehrende Handbewegung. »Aber von mir haben Sie das nicht. Ich will keinen Ärger mit denen.«

»Geht klar«, sagte Jan. »Also, was ist mit Wellers?«

»Der zieht da seit ein paar Wochen mit diesen komischen Typen durch die Gegend, die was gegen Ausländer haben.«

Das würde zu dem Steinewurf passen, dachte Jan.

»Kenn Sie Namen?«, fragte er.

»Nein.«

Das war bestimmt gelogen. Vermutlich aus Angst.

»Hören Sie, alles, was Sie uns sagen, wird vertraulich behandelt«, sagte Lisa. »Wellers wird vermisst. Wir müssen wissen, mit wem er da zusammen war, das verstehen Sie sicher.«

»Vermisst? Dass ich nicht lache. Vor dem haben doch alle Angst. Dem krümmt bestimmt keiner ein Haar. Die halten doch alle zusammen.«

»Sie denken also, dass er untergetaucht ist?«

»Keine Ahnung. Aber ich wollte von Anfang an nichts mit dem zu tun haben. Er hatte immer so komische Ansichten, wenn es um die Asylanten ging. Und als dann die Sache mit der Polizei in der Zeitung stand, da ist der völlig ausgetickt. Hat was gefaselt von, die haben hier nichts zu suchen, und erst recht lasse ich die nicht mein Vaterland verteidigen.«

Das ging eindeutig gegen Helif und den Bericht zu seinem Praktikum bei der Polizei. Und bestimmt hatte Wellers sich mit den falschen Leuten eingelassen, weil er merkwürdige Vorstellungen hatte. Aber warum sollte er wahllos Menschen zersägen?

»Okay, wenn Sie es sich anders überlegen und uns doch Namen nennen wollen, dann rufen Sie bitte an«, sagte Lisa und reichte ihm ihre Karte.

»Geht klar«, erwiderte er und schleppte den grünen Sack weiter bis zum Ende der Halle.

»Sind wir jetzt weiter als vorher?«, fragte Lisa, als sie zum Wagen liefen.

»Ich weiß nicht«, erwiderte Jan, »vielleicht bekommen wir gleich beim Rotwein eine Eingebung.«

Es dämmerte bereits, als sie den schmalen Weg zu seinem Hof erreichten.

»Komisches Gefühl, wenn man weiß, dass hier nachts Leute ums Haus geschlichen sind«, meinte Lisa, als sie ausstieg.

»Ja, ich dachte wirklich, ich könnte mich hier verkriechen und für mich sein«, sagte Jan.

Chief kam ums Haus herum gelaufen.

»He Dicker«, rief Jan und strich ihm über den Kopf. »Man muss ja sogar schon um seinen Hund Angst haben. Kann ich Chief überhaupt noch alleine lassen?«

»Wenn man so anfängt zu denken, dann haben sie alles erreicht«, mahnte Lisa. »Und du darfst nicht vergessen, dass der Angriff vermutlich wegen Helif geschah. Was es natürlich in keiner Weise besser macht.«

»Wir sind also in Sicherheit, weil er nicht mehr da ist? Willst du das damit sagen?«

»Irgendwie schon. Der Fremde ist weg und wir haben wieder unsere Ruhe.«

»Es ist zum Kotzen«, sagte Jan. »Lass uns reingehen.«

Sie schmierten sich ein paar Brote und Lisa schnitt Tomaten in Hälften. Jan kümmerte sich um den Rotwein und endlich saßen sie auf dem Sofa.

»Ich glaube nicht, dass dieser Wellers unser Täter ist«, sagte Jan, »ich meine, was die Leichenteile betrifft natürlich.«

»Schon klar. Er gehört zu den Steinewerfern, aber nicht zum Säbelrasseln«, ergänzte Lisa. »Und was ist mit diesem Lothar sowieso ...«

»Tja, da können wir uns noch nicht sicher sein. Er könnte zumindest etwas mit dem Verschwinden von Johann Schmees zu tun haben, wenn er etwas von dem Verhältnis seiner Frau geahnt hat.«

»Dann gibt es Hoffnung, dass Schmees noch lebt, meinst du das?«

»Vielleicht. Aber so, wie der mit dem Beil in den Flieder gefahren ist, da möchte ich mich nicht festlegen.«

»Meinst du, dass er seine Frau schlägt?«

»Wie kommst du darauf?«

»Ich weiß nicht. Vielleicht weibliche Intuition. Aber sie wirkte irgendwie ängstlich, als es um ihren Mann ging.«

»Es scheint so, als ob wir in diesem Fall nur auf gewaltbereite Männer stoßen«, meinte Jan und setzte sein Rotweinglas an die Lippen.

»Außer Helif«, korrigierte Lisa.

»Ja, außer Helif«, bestätigt Jan. »Aber er ist der Fremde, den man hier nicht will.«

»Nicht jeder denkt so, zum Glück.«

»Aber es scheinen immer mehr zu werden.«

»Allerdings. Fast machen mir diese Typen, die Steine werfen mehr Angst, als der Typ, der Menschen zersägt.«

»Wieso das denn?«, fragte Jan neugierig, denn im Grunde verstand er, was sie meinte.

»Ich weiß nicht. Es ist dieses ungute Gefühl. Weiß man denn, was die Leute, denen man täglich begegnet, im tiefsten inneren denken? Bei einem brutalen Mörder jedenfalls ist das klar und eindeutig.«

»Wir werden uns auf ganz neue Fälle einstellen müssen, wenn du mich fragst.«

»Du meinst, noch Brutalere?«

»Das ist sicher schwierig. Aber sag mal, so ein Trecker, der passt doch gut ins Bild«, schwang Jan um, weil ihm dieser wieder in den Sinn kam.

»Damit lässt sich auf jeden Fall eine Menge transportieren und in der Regel werden Trecker kaum beachtet, es sei denn, sie halten einen im Verkehr auf.«

»Genau. Niemand nimmt Notiz von ihnen. Wir sollten Talea Schmees noch einmal befragen, ob ihr an dem bewussten Tag ein Trecker aufgefallen ist. Ob sie einen überholt haben oder so.«

»Ja, das sollten wir. Und wer besitzt in der Regel einen Trecker?«

Lisa lehnte sich zurück und fischte sich eine Tomate vom Teller.

»Gärtner und ... natürlich Landwirte.«

»Eben. Unser Mörder könnte auch ein Bauer sein.«

»Hm ... er rodet Kartoffeln und hinterher schlachtet er Menschen ab? Ich weiß nicht. Passt das zu einer Bauernseele?«

Lisa sah ihn nachdenklich an. »Schwer vorstellbar, wenn man an das alte Bild denkt, wo ein Bauer seiner Kuh sanft über den Kopf streichelt und sie Lisa nennt.« Sie grinste. »Aber ich glaube, diese Zeiten haben wir eindeutig gehabt. Den meisten Bauern geht es dreckig, weil sie von der Landwirtschaft, wie man sie früher kannte, nicht mehr leben können. Viele haben einen zweiten Job oder geben irgendwann ganz auf. Es läuft doch alles auf diese verdammte Massentierhaltung hinaus.« Sie sah jetzt zornig aus.

»Das stimmt sicher alles«, gab Jan zu. Er wusste, dass Lisa beim Thema Tierquälerei äußerst dünnhäutig reagierte, und schmückte es deshalb nicht weiter aus.

»Aber wie kriegen wir jetzt den Schlenker vom enttäuschten Bauern hin zum Menschensammler?«

»Vielleicht müssen wir einfach nur mal unser Hirn anschalten«, sagte Lisa patzig.

»Das würde sicher vielen mal guttun«, meinte Jan leise und strich ihr über den Arm. Sie war so verletzlich. Manchmal vergaß er das in der Hektik des Alltags.

»Sorry, ich wollte nicht so reagieren«, sagte Lisa und ihre Stimme klang zerbrechlich.

»He, ich bin's Jan, dein bester Freund, schon vergessen? Du musst dich vor mir nicht verstellen.« Er reichte ihr das Weinglas.

»Danke«, sagte sie und nahm einen großen Schluck. »Echt, man darf gar nicht anfangen, die Sachen so an sich ranzulassen. Dann geht man doch kaputt an der ganzen Scheiße.«

»Wir werden uns morgen um die Bauern kümmern«, sagte Jan und drückte sie an sich.

Er fand den Gedanken gar nicht mehr so abwegig, den Lisa da eben entwickelt hatte. Als Erstes würden sie zu Talea Schmees gehen und an ihr Erinnerungsvermögen appellieren.

Ein neuer Tag

Am nächsten Morgen ging es Lisa schon wieder viel besser. Sie fuhren gemeinsam in die Dienststelle.

»Auch wenn die Lage für die Landwirte immer schlechter wird, so gibt es doch noch eine ganze Menge in Ostfriesland«, meinte Lisa. »Wir können unmöglich alle unter die Lupe nehmen.«

»Ja, da hast du recht«, gab Jan zu. Sie standen vor einem großen Problem, wenn sie diesen Verdacht verfolgen wollten. Wieder einmal.

Ihre Befragung von Talea Schmees hatte nichts in der Richtung ergeben. Sie waren noch kurz vorher bei ihr vorbeigefahren, doch sie konnte sich an keinen Trecker erinnern, der die gleiche Straße wie sie befahren hatte. Doch natürlich könnte es durchaus sein, gab sie zu. Wer merkte sich schon, wenn er einen Trecker gesehen hatte? Das war doch in Ostfriesland ganz alltäglich.

Und genau das war der Punkt, an dem sie jetzt ansetzen würden. Denn der Täter, wenn er denn ein Bauer war, konnte davon ausgehen, dass niemand von ihm Notiz nahm. So war er immer einen Schritt voraus, wenn er keinen Fehler beging. Oder, wenn ihm nicht der Wind einen Strich durch die Rechnung machte, so wie in Norden, wo der rosa Schaum wieder an den Strand zurückgetrieben worden war. Würden sie den Täter jemals finden?

Währenddessen war dieser schwer beschäftigt damit, die zehn Säcke auf den Anhänger zu hieven. Wenn das so weiterging, dann würde er jemanden einstellen müssen, dachte er und ihm war nicht zum Lachen zumute. Als er angefangen hatte, da war die Zahl der Menschen, derer er sich annehmen musste, noch überschaubar. Doch es wurden immer mehr, die es nicht verdienten, hier zu leben. Seine Hände taten ihm weh und er hatte Schwielen am Handballen vom vielen Sägen. Es war anstrengend, wenn man sich um so viele kümmern musste. Hin und wieder machte er eine Pause und trank mit seiner Mutter einen Tee. Oft gab es Krintstuut dazu, den seine Mutter früher selber gebacken hatte. Doch sie wurde immer fahriger und schwächer, so dass er diesen jetzt immer beim besten Bäcker im Ort einkaufte. Der buk noch selber und stand mitten in der Nacht auf. Das musste doch honoriert werden. Niemals würde er in den nächsten Supermarkt gehen und dort welchen kaufen. Doch er schweifte schon wieder ab in seinen Gedanken. Er wischte sich die Hände an seinem blauen Overall ab und setzte sich hinters Steuer. Es würde ein langer Tag werden.

»Wen um Himmels willen sollen wir jetzt noch befragen?«, stöhnte Lisa. »Wo ist unsere heiße Spur? Neben den größeren Landwirten gibt es noch eine Vielzahl an kleineren Höfen, von denen manchmal nur die nächsten Nachbarn etwas wissen. Wie suchen nach der Stecknadel im Heuhaufen, wenn du mich fragst.«

Das Telefon auf ihrem Schreibtisch klingelte. Sie ging ran.

»Ja sicher ... wir kümmern uns doch schon ... es war nicht unsere Schuld«, hörte Jan sie zwischen kürzeren Abständen, in denen sie zuhörte, sagen.

Dann legte sie wieder auf.

»Was war das denn?«, fragte er neugierig.

»Das war unser Chef. Er fragt, warum wir die Sache mit Helif versaut haben. Und es soll bloß nichts an die Öffentlichkeit dringen.«

»Der hat Nerven«, meinte Jan. »Merkt der überhaupt noch was?«

»Weiß er denn von dem Anschlag auf dein Haus?«

»Keine Ahnung, interessiert mich auch nicht. Willst du nicht mal bei Helif anrufen und fragen, wie es ihm geht?«

Lisa nickte. »Klar, kann ich machen.«

Sie griff wieder zum Hörer und wartete ab.

Jan ging auf den Flur, um für beide einen Kaffee zu holen.

Als er zurückging, hatte sie bereits wieder aufgelegt und sah bedrückt aus.

»Was ist los?«, fragte er, als er den Kaffee abstellte.

»Der hat mich ganz schön zur Schnecke gemacht ...«

»Helif?«

»Quatsch, der Gastvater. Was uns überhaupt einfallen würde, so ein Interview in die Zeitung zu setzen. Man hätte ihn vorher fragen müssen und so weiter und so weiter ...«

»Aber Helif ist ein erwachsener Mann und nicht sein Mündel«, sagte Jan. »Doch ich will den Quatsch, den Osnabrück da verzapft hat, bestimmt nicht verteidigen. Aber mir scheint, dass mittlerweile jeder glaubt, mit Einwanderern umspringen zu können, wie es ihm gerade in den Kram passt. Ich wette mit dir, dass der Gastvater all seinen Freunden davon erzählt hat, dass er Helif bei sich aufgenommen hat, als der Bericht in der Zeitung stand.«

»Da könntest du recht haben.«

»Hast du auch mit Helif gesprochen?«

»Nein, er war nicht da.«

»Schade. Er scheint mir mittlerweile der Einzige zu sein, der noch alle Tassen im Schrank hat.«

»Wahrscheinlich.«

»Mich regt das auf, und der Fall noch viel mehr.«

»Ja.«

Lisa griff nach ihrem Kaffee und sah Jan nachdenklich an.

»Du wirkst irgendwie abwesend, kann das sein?«, fragte er.

»Vielleicht«, wich sie aus.

»Nun sag schon. Irgendwas ist doch ...«

Wie sollte sie ihm nur sagen, dass sich der neue Kollege aus der KTU mit ihr verabreden wollte? Jetzt, da sie bei ihm wohnte, kam ihr so etwas plötzlich falsch und wie ein Verrat vor.

»Der Neue hat mich zum Essen eingeladen.«

Jan stutzte. Er verstand nicht ganz, was sie meinte.

»Welcher Neue?«, fragte er deshalb.

»Aus der KTU ... er heißt Sebastian Krämer. Sicher erinnerst du dich gar nicht an ihn. Er ist vor drei Wochen hier in Aurich angefangen.«

»Tatsächlich? Nein im Moment habe ich wirklich kein Gesicht vor Augen. Und er will mit dir ausgehen?«

»Klingt das so unwahrscheinlich?«, fragte Lisa bockig zurück.

»Nein, überhaupt nicht. Wo wollt ihr denn hingehen?«

Nun nahm er es aber wirklich zu leicht, fand sie. Darüber musste man doch sprechen.

»Noch steht überhaupt nichts fest«, sagte sie schnell.

»Aber es spricht doch nichts dagegen«, ereiferte sich Jan. »Du musst wirklich mal wieder mit normalen Menschen sprechen, finde ich.« Er zwinkerte ihr zu. »Sag jetzt aber bitte nicht, dass du Angst hattest, mir davon zu erzählen, dann werde ich nämlich sauer. Ich dachte, wir hätten ein gutes freundschaftliches Verhältnis, wo man sich alles sagen kann.«

»Hm ... ich halte dich auf dem Laufenden, wenn es soweit ist«, sagte Lisa. Fast bekam sie jetzt den Eindruck, dass er sie am liebsten sofort mit dem Nächstbesten verkuppeln würde, um wieder seine Ruhe zu haben. Sie bewegten sich auf dünnem Eis. Oder vielleicht auch nur sie selber.

Als ihre Unterhaltung beendet schien, ging Jan rüber zu seinem Schreibtisch. Er legte die Füße hoch und starrte auf die Pinnwand, wo neben den Fotos der Leichtenteile jetzt auch ein Bild von Johann Schmees hing. Er war der Mann, mit dem eigentlich alles angefangen hatte. Und jetzt war er selber verschwunden. War das ein Zufall? Oder war es passiert, weil er den Sack entdeckt hatte? Aber dann würde auch Talea, seine Frau, in Gefahr sein. Oder hatte nur Johann ein besonderes Verhältnis zu dem Täter und konnte ihn deshalb irgendwann identifizieren? Ja, das wäre eine Möglichkeit.

»Wir müssen noch einmal zu Talea Schmees«, sagte er und Lisa schrak an ihrem Schreibtisch hoch.

»Warum?«

»Wegen ihres Mannes. Vielleicht ist es kein Zufall, dass er verschwunden ist. Vielleicht hat ihn der Täter entführt, weil er ihn kennt.«

»Du denkst, weil Johann und seine Frau den Sack gefunden haben, musste er verschwinden?«

»Exakt.«

»Und seine Frau ist jetzt auch in Gefahr?«

»Vielleicht. Komm, lass uns fahren.«

Talea Schmees fuhr gerade die Auffahrt hoch, als sie dort ankamen. Misstrauisch sah sie auf den Wagen, der ihr gefolgt war, bis sie die Ermittler erkannte. Angstvoll sah sie den beiden entgegen.

»Wir hätten noch ein paar Fragen zu Ihrem Mann«, sagte Lisa schnell, die sofort erkannte, dass Talea Schmees auf eine schlechte Nachricht gefasst war.

»Na gut«, sagte die Frau erleichtert. »Ich komme gerade von meinen Eltern und brauche dringend einen Kaffee.«

Sie gingen gemeinsam ins Haus und Jan und Lisa saßen am Küchentisch, während Talea die Maschine vorbereitete und Becher auf den Tisch stellte.

»Worum geht es denn?«, fragte sie und setzte sich.

»Wir haben uns gefragt, ob Ihr Mann den Täter vielleicht kennt«, sagte Lisa so vorsichtig wie möglich.

»Johann? Warum sollte Johann einen Mörder kennen?«, fragte Talea verdutzt. »Sie glauben doch wohl nicht, dass Johann etwas mit der Sache ...« dann ging ihr langsam ein Licht auf. Ihr Gesicht wurde kalkweiß, als sie weitersprach. »Sie denken, dass er auch Johann geholt hat. Oh mein Gott.« Sie schlug die Hände vors Gesicht. An sich selber dachte sie in diesem Moment noch nicht, stellte Lisa fest, und das war auch gut so.

»Im Moment wissen wir nichts Konkretes«, fuhr Lisa fort. »Ehrlich gesagt tappen wir immer noch im Dunkeln. Aber wenn es stimmt, dass Ihr Mann, nun ja, dass der Täter glaubt, dass er ihn identifizieren kann, dann besteht natürlich schon die Gefahr, dass ...« Weiter brauchte sie nichts zu sagen.

Talea stand auf und schenkte mit zitternden Händen den Kaffee ein, wobei sie auch welchen auf die weiße Tischdecke verschüttete.

»Bin ich auch in Gefahr?«, flüsterte sie.

»Das wissen wir nicht«, antwortete Lisa. »Doch im Moment gehen wir nicht davon aus. Wir müssten von Ihnen eine Liste der Freunde Ihres Mannes haben, soweit Sie diese kennen.«

»Oh mein Gott ... oh mein Gott«, Talea stand jetzt völlig neben sich. »Ich kenne doch bestimmt auch nicht jeden. Und die Vorstellung, dass einer davon Menschen zersägt und Johann ...«. Sie schluchzte laut auf.

Jan gab Lisa ein Zeichen und sie fragte: »Darf mein Kollege sich hier ein wenig umsehen? Vielleicht findet er ja einen Hinweis auf den Freundeskreis.«

Talea sah wie durch die beiden hindurch. »Sicher, machen Sie nur, was nötig ist.«

Jan ging zunächst ins Wohnzimmer. Dort roch es, als würde nicht allzu oft gelüftet. Der Mief von dreißig Jahren Ehe hing schwer über dem blitzblank geputzten Kronleuchter. Ob Talea davon wusste, dass ihr Mann sich ein amouröses Abenteuer mit Gerlinde gegönnt hatte? Doch war das nach dreißig Jahren nicht völlig natürlich? Er könnte sich niemals vorstellen, so lange mit einer Frau zusammen zu sein. Nicht einmal mit Lisa, und das wollte schon was heißen. Wobei er da natürlich eine Ausnahme machen würde, weil sie ja nur platonisch befreundet waren und nicht ein Fünkchen Liebe im Spiel war. Vermutlich waren das sowieso die besseren Beziehungen.

Er zog Schubladen und Schranktüren auf. Talea hatte wie viele Frauen ihres Alters einen Hang dazu, die Schränke mit Nippes zu überfrachten. Alles, was später

Zeugnis davon geben könnte, dass man dieses oder jenes getan oder gedacht hatte, wurde wie ein Kleinod behandelt und weggestellt. Schrankwände hatte er von jeher als erdrückend empfunden. Er stellte sich dann immer vor, dass sie nach vorne kippten unter ihrer Last und ihn vergruben unter all ihren Erinnerungen.

Auf einem Sideboard, wie man sie überall schon in den achtziger Jahren vorfand, standen eine Reihe von Fotos, die ein Ehepaar zeigten, dass zueinander hielt. Und egal, was Johann auch getan haben mochte, sie würde ihn vermissen, wenn ihm etwas zugestoßen war. Sie brauchte ihn, um ihren Alltag zu füllen. Eine Aufgabe zu haben. Wusste man überhaupt, was Talea in jungen Jahren gemacht hatte, als sie noch nicht in den Ehealltag gesperrt worden war? Nein, sie wussten es nicht. Und niemand wäre auch nur auf die Idee gekommen, sie jemals danach zu fragen.

In einem Schrank fand er ein Fotoalbum, in dem die Bilder noch mit Fotoecken eingeklebt waren. Ein Relikt vergangener Zeiten. Es war dick und schwer und der Einband fühlte sich kratzig an. Jan wollte es schon zurücklegen, als ihn plötzlich eine innere Stimme förmlich aufforderte, einen Blick hineinzuwerfen. Als er es aufblätterte, roch es nach Vergangenheit. In diesem Haus war alles schon Geschichte, und er war jetzt hier, um ein wenig Staub aufzuwirbeln, weil es jemandem gefallen hatte, Johann eins auszuwischen.

Da war ein glückliches Paar, sie in weißem Kleid mit leicht gewölbtem Bauch und er im schwarzen Anzug. So hatte die Geschichte von Talea und Johann angefangen. War sie jetzt zu Ende? Jan ging davon aus, dass der Entführer der Menschensammler war. Er wusste nur noch nicht, warum. Er blätterte weiter und sah Bilder von Weihnachtsfeiern. Jedes Jahr die gleiche Aufnahme nur mit anderen Frisuren und Kleidern. Der Baum sah immer gleich aus. Niemand tauschte damals jedes Jahr den Christbaumschmuck, so wie es heute üblich war. Dann gab es ein paar Bilder von Sommer- und Grillfesten. Vielleicht waren es Geburtstage oder ähnliche Feiern. Es waren eine Menge Menschen in dem großen Garten hier hinterm Haus versammelt gewesen. Ob es Arbeitskollegen waren? Nachbarn und andere Freunde? War der Täter etwa auch darunter? Jan zog vorsichtig einige Bilder aus den Ecken, um Talea gleich danach zu fragen.

Bevor er in die Küche zurückging, machte er noch einen Abstecher ins Schlafzimmer, obwohl ihn immer vor diesem Raum von Fremden graute. Es liefen dann immer diffuse Bilder vor seinem inneren Auge ab, die er lieber nicht sehen wollte. Deshalb war sein Abstecher auch nur kurz. Und zum Glück gab es dort auch nicht allzu viel, was ihn interessierte. Weiße Baumwollbettwäsche, Socken, Hemden und viel anderes Zeugs in den Schränken, das wohl in diesem Leben nicht mehr aufgebraucht werden würde. Bevor er die Tür wieder schloss, sah er noch einmal zum Bett. Er stellte sich vor, wie viele Jahre Johann dort zugebracht hatte, ohne noch zu spüren, dass er lebte. Wie viele Nächte mochte er wach gelegen und an Gerlinde gedacht haben? Jan war sich sicher, dass Talea immer wie ein Murmeltier schlief. Vielleicht jetzt nicht mehr, da Johann nicht mehr da war. Im Bad sah es ähnlich ordentlich aus. Ein Rasierwasser, das wahrscheinlich jedes Jahr zu Weihnachten durch eine weitere Flasche ersetzt wurde. Eine Nagelschere, eine Feile und ein paar Schminksachen für Talea. Schnell machte er die Tür wieder zu. Erst danach stellte er fest, dass eigentlich das ganze Haus nach Erde roch. Ja, das war der Geruch, der ihn die ganze Zeit begleitet hatte. Aber das lag vielleicht daran, dass die beiden einen großen Garten hatten und sehr viel Zeit darin verbrachten.

In der Küche war Talea damit beschäftigt, einen weißen Zettel mit Namen zu beschreiben. Lisa sah Jan aufmunternd an, sie hatte Talea noch einmal zurückgeholt aus ihrer Verzweiflung.

Jan legte die Fotos, die er mitgebracht hatte, auf den Tisch.

Talea hielt in ihrer Beschäftigung inne und starrte darauf.

»Das ist lange her«, kam es leise über ihre Lippen.

»Sind das Freunde und Bekannte?«, fragte Jan.

Talea nickte. »Ja, und natürlich auch Familie. Es war eine schöne Zeit.«

»Könnten Sie uns auch die Namen aufschreiben?«

»Sicher. Aber es leben nicht mehr alle.«

»Dann natürlich nicht die von denen«, sagte Lisa.

»Doch, mir wäre es lieber, wenn sie die Namen auch aufschreiben würden, auch wenn sie bereits verstorben sind«, sagte Jan und Lisa sah ihn neugierig an. »Desto mehr Namen wir haben, umso besser«, ergänzte er obenhin zur Erklärung.

»Mir macht das nichts aus«, sagte Talea. »Ich tue alles, damit Johann wiederkommt.«

Ob sie selber noch daran glaubte?, fragte sich Lisa. Aber die Hoffnung starb wohl immer zuletzt, wenn man plötzlich vor dem Abgrund stand.

Sie schrieb weiter und am Ende waren es an die vierzig Namen, die Jan und Lisa im Moment noch nichts sagten. Sie hatte die Familienangehörigen, Freunde und Nachbarn gekennzeichnet und zu den Verstorbenen ein Kreuz hinzugefügt.

»Können Sie auch bitte die kennzeichnen, die eine Landwirtschaft betreiben?«, fragte Jan und Talea runzelte die Stirn.

»Sie meinen Bauern? Ja sicher, es sind auch ein paar Bauern dabei.« Sie markierte sie mit einem großen X. Es waren vier und drei lebten sogar noch, mussten jetzt aber an die sechzig sein. »Mehr kann ich zu ihnen leider auch nicht sagen«, bedauerte Talea, »denn ich hatte eigentlich nur bei solchen Festen Kontakt zu ihnen. Meistens traf Johann sie in der Kneipe, wenn sie zusammen Fußball geguckt haben oder so.«

Jan und Lisa bedankten sich und gingen zum Wagen.

»Willst du jetzt die Bauern abklappern?«, fragte Lisa.
»Meinst du, dass es Sinn macht?«, entgegnete Jan.
»Ich weiß nicht. Der eine ist ja ganz in der Nähe, da könnten wir noch vorbeifahren.«

Jan gab die Adresse ins Navi ein und fuhr los.

Auf dem Hof standen ein älterer Trecker und ein Ford Kombi, der auch schon bessere Tage gesehen hatte. Ein paar Hühner flatterten auf einem stinkenden Misthaufen herum.

»Das Ganze wirkt irgendwie trostlos«, sagte Lisa und klang melancholisch.

»Sicher ist es nicht mehr leicht, von der Landwirtschaft zu leben, wenn man nur einen so kleinen Hof hat.«

»Davon kannst du ausgehen. Ich habe mich ausführlich mit der Massentierhaltung beschäftigt. So ein Bauer wie dieser hat keine Chance mehr auf dem Markt. Die meisten geben ganz auf. Wo sieht man denn noch Kühe auf der Weide. Das ist doch schon längst Geschichte und wird nur noch auf die Papptüten gedruckt, um den Kunden ein gutes Gefühl zu vermitteln.«

»Wollen wir reingehen?«

Lisa nickte und sie liefen gemeinsam zur Haustür, deren grüne Farbe an vielen Stellen abgeblättert war.

Es öffnete eine Frau mit grauen Haaren, die am Hinterkopf zusammengerafft waren. Ihre Augen waren hellblau und wirkten interessiert, und doch erschrocken.

»Wir sind von der Polizei in Aurich«, stellte Lisa sie beide vor. »Es geht um ihren alten Freund Johann Schmees. Wir hätten da ein paar Fragen an Sie und Ihren Mann.«

»Er ist verschwunden, nicht wahr?«, antwortete sie mit einer Frage. »Wir haben davon gehört. Und auch von der anderen Sache. Es traut sich hier kaum noch jemand nach Anbruch der Dunkelheit vor die Tür.«

»Das kann ich gut verstehen. Dürfen wir kurz reinkommen?«

»Sicher.«

Sie führte die beiden in eine aufgeräumte große Küche. Auf dem Ofen stand ein Wasserkessel, der sicher immer für heißes Wasser für den Tee sorgte.

»Ich rufe Lübbert eben«, sagte sie, »er ist noch hinten in der Scheune und kümmert sich um unsere beiden letzten Kühe.«

Sie bot Jan und Lisa einen Stuhl an und verschwand.

»Also, wenn ich noch nicht depressiv wäre, dann wäre jetzt der Moment gekommen«, sagte Jan und spielte an dem Päckchen Streichhölzer herum, das neben einem Teestövchen lag.

Lisa atmete schwer aus. »Aber es riecht hier gemütlich, finde ich. Es erinnert mich an deinen Hof.«

»Findest du, dass es bei mir gemütlich ist?«, fragte Jan zurück.

»Doch, irgendwie schon. Ich kann mir gar nicht mehr vorstellen, in so einer Blockwohnung in der Stadt zu leben. Mir gefällt es bei dir.«

Er lächelte sie an. »Wir machen es uns nachher mit Chief gemütlich.«

Die Frau kam mit einem Mann zurück, dessen Gesicht rotwangig und voller Falten war. Bestimmt war er die meiste Zeit des Jahres draußen. Er fuhr sich mit der Hand durch das volle graue Haar und nickte beiden zu.

»Sie wollen mich was zu Johann fragen«, sagte er und setzte sich mit an den Tisch.

»Stimmt. Sie wissen ja, dass er verschwunden ist«, entgegnete Lisa.

»Schlimme Sache. Haben Sie ihn jetzt gefunden?«

»Nein, leider noch nicht. Wann haben Sie denn das letzte Mal mit ihm gesprochen?«

Lübbert sah zu seiner Frau. Sie zuckte mit den Schultern.

»Ist sicher lange her ... so genau weiß ich das gar nicht mehr. Wir haben uns oft in der Kneipe getroffen, aber da gehe ich schon seit Jahren nicht mehr hin. Wie kommen Sie überhaupt auf uns?«

»Wir haben Sie auf einem älteren Foto gesehen. Da ging es wohl um ein Gartenfest.«

»Ja, das ist aber ewig her. Man verliert sich mit der Zeit aus den Augen, wissen Sie. Johann ist ja auch die ganze Zeit mit seinem Lkw unterwegs.«

»Leben Sie von ihrer Landwirtschaft oder haben Sie auch noch einen anderen Job?«

»Job?«, fragte Lübbert irritiert. »Nennt man das heute so, wenn man für seinen Lebensunterhalt sorgt? Ich habe immer hart gearbeitet hier auf dem Hof. Schon mein Großvater hat sich um die Tiere und die angrenzenden Felder gekümmert. Doch das ist alles so lange her. Ich habe den Hof von meinem Vater übernommen. Schon damals wurde der Ertrag immer schmaler. Ich habe den Beruf des Autoschlossers erlernt, habe aber nicht lange darin gearbeitet. Ich mag die Arbeit als Bauer, immer an der frischen Luft.« Sein Gesicht nahm einen verklärten Ausdruck an.

»Sie haben noch Tiere?«, holte Lisa ihn wieder zurück.

Er nickte. »Ja, aber nur noch ein paar Hühner und zwei Kühe. Ich kann mich nicht von Alma und Lori trennen.« Seine Lippen wurden schmal. »Alle anderen habe ich schon verkauft, es waren über dreißig. Doch die Milchpreise werden von den Großen kaputtgemacht. Es war nur noch ein Verlustgeschäft. Jetzt bin ich alt genug und gehe bald in Rente. Ich habe meinen Teil erfüllt.«

Seine Frau griff nach seiner Hand.

»Sie haben keine Kinder?«

»Doch, aber die wohnen in der Stadt. Sie haben ordentliche Berufe gelernt und das ist gut so.«

Irgendwie war alles gesagt.

»Danke für Ihre Zeit«, sagte Jan, der spürte, dass Lisa einen Kloß im Hals hatte. Sie schnäuzte sich heimlich auf dem Weg nach draußen.

Es war überflüssig sich darüber auszutauschen, dass so ein Mann keine Leichen in seiner Scheune zersägte. Dafür wirkte er viel zu traurig.

»Die anderen machen wir morgen«, sagte Jan, als sie im Wagen saßen.

»Okay. Lass uns zu Chief fahren.«

Zuhause hatte Lisa sich wieder gefangen und setzte einen Kaffee an. Die Luft war angenehm warm und sie setzten sich nach draußen.

»Hast du dich schon entschieden, ob du mit dem Kollegen ausgehen wirst?«, fragte Jan.

Lisa schüttelte mit dem Kopf. »Nein, noch nicht. Irgendwie kann ich mich nicht von den Vorkommnissen mit dem Kollegen aus Osnabrück freimachen.«

»Das habe ich mir schon gedacht. Doch es müssen deshalb nicht alle schlecht sein. Denk daran, dass du auch bei einem Kollegen wohnst«, grinste er. Er wollte, dass sie wieder aus ihrem Tief herauskam.

»Blödmann. Aber du hast natürlich recht. Man kann nicht alle über einen Kamm scheren. Und ein bisschen Abwechslung tut mir sicher ganz gut.«

»Genauso sehe ich das auch. Wollen wir uns einen Salat machen? Ich habe irgendwie Hunger.«

»Du meinst, ich soll einen Salat machen«, korrigierte Lisa und machte sich auf den Weg in die Küche. »Schließlich soll er ja schmecken.«

Dem konnte Jan kaum etwas entgegensetzen.

Er nutzte die Zeit, um einen roten Faden zu dem Fall zu entwickeln. Es wollte ihm diesmal nicht so recht gelingen, und das ärgerte ihn. Aber wo sollte man ansetzen, wenn man nur ein paar Hände und Füße hatte und ein paar Vermisste aus der Gegend, die nicht einmal etwas mit dem Menschensammler zu tun haben mussten. Johann Schmees könnte genauso gut ein Opfer eines eifersüchtigen Ehemannes geworden sein. Und der andere Typ, der an dem Angriff auf seinen Hof beteiligt gewesen war, der machte sich vielleicht ein paar tolle Tage mit einer netten Blondine. Mussten sie wirklich alles getrennt voneinander betrachten? Sie stocherten im Nebel. Kein gutes Gefühl für einen Profiler. Er konnte sich noch so sehr den Kopf zerbrechen, es ergab sich einfach keine gelungene Komposition.

Lisa kam mit einer Schüssel, aus der es frisch und exotisch duftete, zurück.

»Ich habe noch ein paar alte Brötchen dazu gefunden«, frotzelte sie. »Wir müssen dringend wieder einkaufen.«

»Ich mache uns einen Weißwein auf«, sagte Jan und verschwand in der Küche, während Lisa den Salat abstellte und die Teller und das Besteck holte.

»Worüber hast du nachgedacht, während ich in der Küche war«, fragte Lisa, als sie anstießen.

»Dass ich keinen roten Faden in diesem Fall finde«, antwortete Jan ehrlich. »Es lähmt mich in meinem Denken.«

»Ja, geht mir auch so. Wir gehen drei Schritte vor und dann wieder fünf zurück.«

»Drei halte ich echt für übertrieben. Wir mache kleine Mäuseschritte und werden von dem dicken Kater wieder in unser Loch zurückgebracht.«

»Na, wenigstens frisst er uns nicht auf.«

»Dafür sind wir einfach nicht schmackhaft genug«, lachte Jan. »Wer will schon solche Looser verdauen.«

»He, du übertreibst. Wir haben noch zwei Kandidaten, die wir morgen aufsuchen können.«

»Du meinst die Bauern? Also, nach dem, was wir heute gesehen haben, sagt mir mein Instinkt, dass das die falsche Fährte ist.«

»Plötzlich so voreingenommen? Dich hat das Schicksal dieses Mannes auch bewegt, stimmt's?« Lisa Stimme klang plötzlich anders.

»Er wirkte so desillusioniert. So, als ende nicht ein wundervoll erfüllter Lebensabschnitt, sondern als könne er endlich ein ganz trauriges Kapitel abschließen. Das ist bitter.«

»Ja, so habe ich das auch empfunden. Echt, was ist bloß los auf dieser Welt? Werte zählen überhaupt nichts mehr.«

Sie hingen ihren Gedanken nach und sahen Chief dabei zu, wie er im Gebüsch verschwand.

Als sie den Tisch abräumten, klingelte Lisas Handy. Jan machte alleine weiter und sah plötzlich, wie ihr Tränen übers Gesicht liefen. Schnell war er bei ihr.

»Was ist los?«

»Helif«, schluchzte sie.

»Helif?« Das konnte nichts Gutes bedeuten. »Was ist mit ihm?«

»Er liegt im Krankenhaus, man hat ihn zusammengeschlagen auf einem Parkplatz in der Innenstadt gefunden.«

»Ich verstehe nicht ... Warum?«

»Dafür gibt es keinen Grund.« Sie wischte sich übers Gesicht. »Wir müssen sofort zu ihm.«

Im Eiltempo raste Jan über die Landstraßen Richtung Krankenhaus. Was würde noch alles passieren? Sie waren in einen Sog von Hass und Gewalt geraten, der anders war als sonst.

Die Schwester am Empfang wollte sie erst nicht zu dem Patienten lassen. Erst, als Lisa erklärte, dass sie Freunde von Helif seien und gar nicht in seinem Fall ermittelten, ließ sie sich erweichen.

»Oh mein Gott«, stieß Lisa aus, als sie die Tür zu seinem Krankenzimmer öffnete. Das halbe Gesicht war von einem Verband verdeckt. Das andere Auge war geschlossen. Die Schwester hatte gesagt, dass man Helif ein starkes Beruhigungsmittel wegen der Schmerzen gegeben hätte. Vielleicht würde er sie gar nicht hören. Ein Arm war in einen dicken Verband verpackt.

»Diese Schweine«, stieß Jan wütend aus.

»Du denkst dasselbe wie ich?«

Er nickte. »Es waren diese verdammten Rassisten, die sich für die Wächter von Deutschland halten. Dieses gemeine Pack.«

»Du hörst dich verdammt hart an. Muss ich mir Sorgen machen?«

»Um mich? Nein, bestimmt nicht. Ich würde mir an denen nicht die Finger schmutzig machen.«

»In der Regel bekommt man diese feigen Schweine nicht.«

»Ach, wer hört sich jetzt hart an?«, fragte Jan mit gedämpfter Stimme zurück.

Sie setzten sich still an Helifs Bett. Er atmete flach und sein Herzschlag flimmerte über den Überwachungsbildschirm.

Gewissensbisse

Seit Tagen konnte er nicht mehr richtig schlafen und in der letzten Nacht war er von bösen Alpträumen geplagt worden. War er zu weit gegangen? Johann war doch sein Freund gewesen.

Wie gelähmt lag er in seinem Bett und starrte an die Decke. Was war aus seinem großen Auftrag geworden? Sollte er sich jetzt von einem Gefühl leiten lassen und alles aufgeben?

»Wolfgang, bist du schon wach?«

Das war seine Mutter. Sie ahnte von alldem nichts.

»Ja, Mama, ich komme gleich.«

Er quälte sich aus dem Bett. Nur diese Routine, die ihn jetzt erwartete, konnte ihn von seinen Gewissensbissen ablenken.

Er schlug sich im Bad kaltes Wasser ins Gesicht und führte seine Zahnbürste an den Zähnen vorbei.

Vor Jahren hatte seine Mutter einen Schlaganfall erlitten und war auf ihn angewiesen. Natürlich ließ er sie nicht im Stich. Schließlich hatte sie sich auch immer um ihn gekümmert. Sein Vater war schon gestorben, als er noch ein kleiner Junge war. Seine Mutter hatte noch einmal geheiratet und sein Stiefvater hatte ihn im wahrsten

Sinne des Wortes das Fürchten gelehrt, bis er schließlich mit einer Nachbarin durchgebrannt war.

Seine Mutter war am Boden zerstört gewesen und hatte sich im Alkohol ertränkt. Der Verlust zweier Männer war ihr genug des Guten gewesen.

Und er selber? Nach seiner Lehre als Fleischermeister hatte er den Absprung wohl irgendwann verpasst gehabt. Frauen standen nicht unbedingt auf Männer, die tagsüber Tieren die Kehle durchschnitten. Wolfgang war nie hässlich gewesen, eher im Gegenteil. Groß, kräftig und schlank. Er hatte einen eigenen Wagen und einen gut bezahlten Job. Doch wenn er in der Disko erzählte, was er machte, dann drehten sich die meisten angewidert weg.

Jetzt war er über vierzig und setzte seine Mutter im Bett auf, um sie in den Rollstuhl zu hieven.

»Meine Zähne«, sagte sie, als sie auf den Sitz plumpste, »vergiss meine Zähne nicht.«

Er drückte ihr das Gebiss rein und schob sie in die Küche.

»Heute wieder Zwieback mit Milch, Mama?«

»Nein«, krähte sie, »ich will heute mal ein Weißbrot mit Käse. Haben wir Käse da?«

Wolfgang machte den Kühlschrank auf, aus dem es nach einem Gemisch aus Zwiebelringen, Mettwurst und saurer Sahne roch.

»Ja, da ist noch Butterkäse«, sagte er, »den kann man noch essen, er hat noch keine blauen Flecken. Ich geh heute Nachmittag aber einkaufen.«

»Dann bringst du mir auch die neue Zeitung mit?«

»Sicher, Mama.«

Er schmierte ihr zwei Weißbrote, während der Tee zog.

»Soll ich dich noch anziehen und vor den Fernseher setzen?«, fragte er, nachdem sie gegessen hatten.

»Ja, mein Junge. Wann kommst du denn zurück?«

»Mal gucken. Ich muss nochmal in die Werkstatt und dann gehe ich einkaufen. Ich bin sicher heute Mittag wieder hier.«

»Das ist gut. Mach mir bitte noch einen frischen Tee, dann wird die Zeit nicht so lang.«

Seitdem sie ihren Schlaganfall erlitten hatte, trank sie keinen Schnaps mehr.

Der Pflegedienst kam schon lange nicht mehr, um seine Mutter zu waschen und für die Nacht vorzubereiten. Er erledigte es selber. Es machte ihm nichts aus, sie wie ein kleines Baby zu windeln. Das hätte er nicht für möglich gehalten. Doch sie hatte es bei ihm ja auch gemacht. Warum also sollte er sich davor ekeln?

Als er alles vorbereitet hatte, zog er seine Jacke an.

»So Mama, ich fahr dann mal zur Arbeit«, sagte er und dachte, aber vorher muss ich noch bei Talea vorbei. Das sagte er seiner Mutter natürlich nicht.

Sind alle Menschen schlecht?

Lisa und Jan waren am Boden zerstört, als sie aus dem Krankenhaus zurückkamen. Sie fühlten sich wie gelähmt, einigten sich stumm darauf, dass sie noch nicht schlafen konnten, und saßen bis weit in die Nacht gemeinsam auf dem Sofa und sahen ins Nichts.

Jetzt saßen sie völlig desillusioniert am Frühstückstisch und tranken Kaffee.

»Ich glaube, ich rufe nachher bei Helifs Gastvater an«, sagte Lisa.

»Hältst du das wirklich für eine gute Idee?«, fragte Jan zurück. »Schließlich wird er der Polizei an allem die Schuld geben. Unser Chef in Osnabrück hat Helif doch durch das Interview erst in den Fokus gerückt.«

»Du meinst also, alle Menschen, die nicht so richtig Deutsch aussehen, sollten sich schön irgendwo verkriechen, damit man ihnen nichts antut. Sollten unsichtbar sein oder am besten gleich wieder verschwinden?« Sie sah ihn entgeistert an, denn was sie da sagte, dachten vielleicht viele von diesen Leuten, die gegen Ausländer hetzten.

Jan hob abwehrend die Hand. »Also, ich denke ganz bestimmt nicht so, und das weißt du auch. Wenn es nach mir ginge, dann würden aus unserem Land ganz andere Leute verschwinden müssen.«

»Sorry, ich hab es nicht so gemeint. Es ist nur alles noch viel schrecklicher, wenn man persönlich mit den Auswüchsen von rassistischen Entgleisungen konfrontiert wird. Im Fernsehen gehören solche Nachrichten ja schon zum Alltag. Es scheint eine Menge Leute zu geben, die die Meinung vertreten, dass Deutschland wieder zu seinem Nationalstolz zurückfinden sollte. Ich finde das abartig.«

»Es geht Deutschland ja nicht alleine so«, sagte Jan. »Guck doch mal in die Nachbarländer. Vielleicht können die Menschen nicht mehr mit der Freiheit umgehen, wofür unsere Vorfahren so lange gekämpft haben.«

»Na gut, dann rufe ich den Gastvater nicht an«, gab Lisa nach. »Bestimmt hast du recht. Er wird uns die Schuld geben. Aber ich bleibe dabei, dass die anderen die Täter sind und nicht wir.«

»Natürlich. Aber jetzt sollten wir uns wieder um unseren Fall kümmern. Ich habe heute Nacht lange darüber nachgedacht und ich bin zu dem Schluss gekommen, dass wir uns die Besuche bei den anderen beiden Landwirten ersparen können.«

»Ach ja?«

»Ja. Auch wenn ich jetzt nur spekuliere, was ja mein Job als Profiler ist, aber der Typus kleiner frustrierter

Landwirt passt meiner Meinung nach nicht ins Bild. Sie würden sich bei Frustration ein anderes Ventil suchen.«

»Du meinst, sie würden ihre Frau schlagen?«

»Zum Beispiel. Auch wenn es blöd klingt, aber das wäre naheliegend. Wenn sie jünger sind, dann vermutlich auch die Kinder. Aber im Grunde würden sie ihren bodenständigen Grundsatz nicht so weit verlassen und wahllos Menschen zersägen.«

»Eine gewagte Theorie, wenn sich am Ende herausstellt, dass es doch einer von diesen kleinen Landwirten war.«

»Wenn du möchtest, können wir ja noch bei den beiden anderen vorbeifahren. Es macht mir nichts aus. Nur halte ich es eben für sinnlos.«

»Hm ... da wir aber im Moment auch keine andere Spur haben, hätten wir Zeit.«

»Sicher. Doch ich fände es viel wichtiger, dass wir uns den nächsten intimen Dunstkreis von Johann Schmees vornehmen würden.«

»Die Familie?«

»Auch, aber daran hatte ich jetzt nicht gedacht, weil ich keinen Sinn darin sehen würde, wenn ein Serienkiller, zum Beispiel Johanns Sohn oder Bruder, dann auch seinen nächsten Verwandten umbringt.«

Lisa schenkte sich Kaffee nach. Ihr Ermittlergeist war geweckt und so konnte sie endlich von ihren trüben Gedanken loskommen.

»Das klingt logisch. Also suchen wir jetzt in Johanns Umkreis, der aber nicht verwandt und auch nicht bäuerlich sein darf, richtig?«

»Genau.«

»Dann kämen jetzt die Arbeitskollegen dran.«

»Ja, würde ich auch vorschlagen. Und wenn das nichts bringt, dann die Läden, wo er einkauft, tankt oder sein Bierchen trinkt.«

»Du denkst also, dass Johann der Schlüssel zu allem ist?«

»Das eher nicht. Aber er ist der Einzige, bei dem es ermittlungstechnisch was zu holen gibt. Er ist auf den Müllsack gestoßen, hatte ein Verhältnis und ist jetzt verschwunden. Es klingt vielleicht makaber, aber ich gehe davon aus, dass wir ihn in Einzelteilen wiedersehen werden.«

Lisa wusste, dass Jan recht hatte, und nickte.

»Aber wenn er in Gefahr war, weil er den Sack entdeckt hat, warum ist Talea dann nicht auch verschwunden?«, wandte sie ein.

»Das ist eine berechtigte Frage«, gab Jan zu. »Vielleicht sollten wir sie heimlich beobachten lassen, damit ihr nichts passiert. Und wer weiß, womöglich führt uns das dann sogar zum Täter.«

»Du willst sie nicht über eine mögliche Gefahr informieren, sondern als Lockvogel nutzen, habe ich das richtig verstanden?«

»Hört sich so an, aber ich meine es nicht so. Ich denke ehrlich gesagt nicht, dass sie in Gefahr ist. Genauso wenig wie Gerlinde oder ihr Mann Lothar. Sie alle stehen irgendwie in Zusammenhang mit Johann, haben aber nicht die gleiche Wertigkeit in unserem Fall.«

»Na, dann hoffe ich für Talea, dass du recht hast.«

Sie gingen zum Wagen, um zu dem Arbeitgeber von Johann Schmees zu fahren.

Die Firma

Der Hof des Unternehmens am Rande von Aurich war wie leergefegt. Es lief ein Mann im Blaumann über den Platz, der kurz, bevor sie den Wagen abstellten, in einer großen Halle verschwand.

»Es war ja klar, dass alle auf der Straße sind«, sagte Lisa.

»Sicher. Aber im Moment reicht es ja auch, wenn wir mit dem Chef sprechen können.«

»Der da gerade in der Halle verschwunden ist, wird es doch wohl nicht gewesen sein«, meinte Lisa.

»Keine Ahnung.«

Sie stiegen aus und liefen auf die Halle zu, in der der Mann verschwunden war.

»Hallo!«, rief Jan, als er die Tür aufgezogen hatte. Es kam keine Antwort.

In der Halle standen einige Anhänger, Tonnen und sonstiger Kleinkram.

»Merkwürdig«, sagte Lisa, »wo ist er denn geblieben? Ob es hier noch einen weiteren Ausgang gibt?«

Sie liefen weiter bis zum Ende und entdeckten tatsächlich eine Seitentür.

Jan drückte die Klinke nach unten.

Zum Vorschein kam ein kleiner Raum, in dem eine Birne ohne Schirm in einer Fassung baumelte. Ein kleiner Tisch mit einer rotkarierten Decke und fünf Stühle Drumherum sowie ein kleines demoliertes Sideboard, auf dem eine Kaffeemaschine stand und allerlei Krimskrams herumlag.

»Hier machen die sicher ihre Pausen«, sagte Lisa und verzog das Gesicht. »Kein Wunder, dass hier nur Männer arbeiten.«

Jan musste schmunzeln. »Die meiste Zeit sind sie eh auf der Straße und keinen großen Komfort gewöhnt.«

Er schloss die Tür wieder und sah sich um. »Der Typ scheint wirklich verschwunden zu sein. Lass uns draußen nach dem Büro suchen.«

»Das sieht sicher ähnlich aus wie der Frühstücksraum«, maulte Lisa.

Gunter Brüggemann hatte die beiden in der Halle verschwinden sehen. Doch er hatte keine Lust gehabt, ihnen hinterher zu laufen. Wenn sie was wollten, dann würden sie ihn schon finden.

Und jetzt sah er sie wieder aus der Halle kommen und in seine Richtung sehen. Er hatte sofort erkannt, dass sie von der Polizei waren. Doch diese beiden hatte er noch nie gesehen. In der Regel kamen hier Kollegen in Uniform vorbei, wenn mal wieder einer seiner Fahrer mit überhöhter Geschwindigkeit oder Nichteinhaltung der Fahr- und Pausenzeiten erwischt worden war.

Um guten Willen zu demonstrieren, stand Brüggemann auf und ging ihnen auf halber Strecke entgegen.

»Moin, kann ich was für Sie tun?«, fragte er, als er nahe genug herangekommen war.

»Hallo, wir sind von der Kripo Aurich.« Lisa stellte sie beide vor. »Wir suchen nach dem Chef hier.«

»Das bin ich. Was gibt es denn? Sonst kommen ihre Kollegen immer in Uniform. Aber jetzt die Kripo?«

»Es geht um Ihren Mitarbeiter Johann Schmees, er ist verschwunden, das wissen Sie ja sicher«, fuhr Lisa fort.

Brüggemann nickte.

»Wir würden uns gerne mit seinen Kollegen unterhalten.«

»Na ja, die sind alle unterwegs. Nur ein Lkw, der auf der Straße ist, bringt Geld ein.«

»Das dachten wir uns schon. Für den Anfang würden wir uns auch gerne mit Ihnen unterhalten. Können wir in Ihr Büro gehen?«

»Klar«, sagte Brüggemann und lief voraus. »Ich kann Ihnen sogar einen kalten Kaffee anbieten.« Er lachte und steckte die Hände in die Hosentaschen.

Lisa hatte recht gehabt. Das Büro von Brüggemann war genauso schmucklos wie der Pausenraum. Nur, dass es hier auch Fenster gab.

Sein Schreibtisch war Arbeitsplatz und Ablageplatz für alles, was er mal in die Hand genommen hatte. Er schob es mit der flachen Hand zur Seite und bot Jan und Lisa Stühle an, die davor standen. Sie waren hellbraun und hatten kein Kissen auf der Sitzfläche.

»Das mit Johann ist eine schlimme Sache«, begann Brüggemann. Offensichtlich duzte man sich hier auch mit dem Chef. »Haben Sie denn schon neue Hinweise, was mit ihm passiert ist?«

»Leider nicht«, antwortete Jan. »Wir wissen nicht, ob er einem Verbrechen zum Opfer gefallen ist, aber wir ermitteln jetzt auch in die Richtung.«

Bei dem Wort Verbrechen war Brüggemann zusammengezuckt.

»Das klingt ja furchtbar«, sagte er ehrlich erschrocken. »Aber ich und meine Mitarbeiter sind sowieso nicht davon ausgegangen, dass Johann abgehauen ist.«

»Sondern? Was haben Sie denn gedacht?«

»Na, ähnlich wie Sie eben. Doch man will es ja nicht wahrhaben. Aber Johann war eine treue Seele. Er hätte so etwas seiner Talea niemals angetan.«

»Sie kennen seine Frau?«

»Flüchtig. Sie hat ihn hin und wieder von Betriebsfesten abgeholt. Wie das eben so läuft. Man sagt kurz Hallo und redet ein paar Takte miteinander.«

»Verstehe«, sagte Jan. Für so eine treue Seele, wie sein Chef ihn eben beschrieben hatte, hielt er ihn allerdings nicht. Doch es war eine Sache, seine Frau zu betrügen und eben eine ganz andere, sie sitzen zu lassen. Da mochte sein Chef mit seinem Urteil wohl richtig liegen, da er ihn besser kannte. »Er ist also nie zu spät gekommen oder war sonst irgendwie unzuverlässig?«

»Nein, auf Johann konnte man sich hundertprozentig verlassen. Ich konnte ihn sogar am Wochenende anrufen, wenn mich ein anderer Fahrer hängenließ. Johann hat nie nein gesagt.«

»Wie lange ist er hier schon bei Ihnen beschäftigt?«

»Da muss ich nachdenken. Vielleicht vierzehn oder fünfzehn Jahre. Genauer kann Ihnen das meine Buchhalterin sagen.«

»Das genügt sicher so«, sagte Jan. »Wann können wir denn mal mit allen Kollegen sprechen? Gibt es eine bestimmte Zeit, wo sie wieder auf den Platz zurückkommen?«

»Eher nicht«, meinte Brüggemann, »hängt ja auch vom Verkehr ab. Aber in der Regel trudeln die Ersten so ab achtzehn Uhr ein.«

»Na, das ist doch schon mal was«, sagte Jan, »wir kommen dann einfach am frühen Abend wieder. Sagen Sie, wer war eigentlich der Mann, der kurz vor uns in die große Halle dort drüben gegangen ist?«

Brüggemann runzelte die Stirn. »War da einer? Ich hab nichts gesehen. Das kann aber höchstens Ronny gewesen sein. Er kümmert sich um den Fuhrpark, hat aber eigentlich heute frei. Den können Sie also eigentlich nicht gesehen haben. Ich wüsste nicht, dass er seine Pläne geändert hat.«

»Würde er es Ihnen sagen, wenn er seinen Urlaub verschiebt?«

»Ja, eigentlich schon. Der Tag müsste dann ja gutgeschrieben werden. Wer verzichtet schon freiwillig auf Urlaubstage?«

»Stimmt«, sagte Jan und beschrieb den Mann, den er und Lisa gesehen hatten.

»Das kann eigentlich nur Ronny gewesen sein«, meinte Brüggemann. »Und jetzt ist er weg?«

»Ja, er ist in die Halle gegangen und war dann plötzlich verschwunden. Wir haben den Pausenraum entdeckt, aber dort war er nicht. Gäbe es noch eine andere Möglichkeit, die Lagerhalle zu verlassen?«

»Na ja, nur wenn man gut klettern kann«, sagte Brüggemann. »Da ist ja das große Fenster.«

Mist, dachte Jan. Wieso hatten sie nicht früher daran gedacht? Aber wenn dieser Ronny tatsächlich dadurch geflohen war vor ihnen, dann war die spannendere Frage sowieso, warum er das gemacht hatte.

»Gut, wir sehen uns dann heute Abend wieder«, sagte er, »sind Sie dann auch hier?«

Brüggemann nickte. »Ich bin immer der Letzte auf dem Hof, das war schon immer so.«

»Dann haben Sie aber einen verdammt langen Arbeitstag«, sagte Jan und er und Lisa standen auf.

»Bestimmt nicht so lang wie Ihrer«, meinte Brüggemann und wandte sich wieder seinem PC zu.

»Mein Gefühl sagt mir, dass wir noch einmal zu Talea fahren sollten«, sagte Jan, als sie im Wagen saßen.

Als sie beim Haus von Talea und Johann Schmees ankamen, stand bereits ein weiterer Wagen in der Auffahrt.

»Los, komm«, sagte Jan und sprang aus dem Wagen. »Geh du hinten rum, falls er abhauen will.«

Kurz darauf drückte er auf die Klingel und wartete ungeduldig, bis er einen Schatten sah, der sich auf die Tür zubewegte, bevor diese aufgemacht wurde.

»Frau Schmees, Gott sei Dank«, sagte Jan.

Sie verstand nur Bahnhof. »Ist was passiert?«, fragte sie und sah automatisch hinter sich.

»Sie haben Besuch?«

»Ja, meine Schwester ist da. Was ist denn los?«

»Schon gut. Können wir kurz reinkommen?«

»Wir?«

»Ja, meine Kollegin ist hinter das Haus gegangen, weil ...«

Lisa kam gerade wieder nach vorne und nickte Talea Schmees zu. »Alles Okay, so wie es scheint.«

»Sie machen mir Angst«, sagte Talea und bat die beiden herein.

Jan und Lisa sahen eine Frau im Wohnzimmer sitzen, als sie hinter Talea her in die Küche gingen.

»Wir wollen Sie auch gar nicht lange aufhalten«, sagte Lisa. »Wir sind eben in der Firma Ihres Mannes gewesen. Kennen Sie einen Kollegen namens Ronny?«

»Ja sicher kenne ich Ronny«, antwortete Talea und setzte sich. Jan und Lisa blieben stehen. »Er war heute Morgen hier und hat mir Blumen vorbeigebracht. Er ist so ein herzensguter Kerl.«

»Blumen? Wann war er hier?«

»Hm ... so gegen neun, würde ich sagen. Ja, das muss gegen neun gewesen sein. Die Post war gerade durch, als er kam. Er ist ein feiner Kerl. Er sagte, er wolle, dass ich nicht so traurig wäre, deshalb brächte er mir Blumen vorbei. Sie waren aus dem Garten seiner Mutter. Er hat es wirklich gut gemeint, der arme Kerl.«

»Armer Kerl? Was hatte er an?«

»Was er anhatte? Warum wollen Sie das denn wissen?«

Als Jan und Lisa sie nur weiter anstarrten, fuhr sie fort.

»Er hat immer dasselbe an, eben was ein Schlosser so trägt. Einen Blaumann eben.«

»Verdammte Scheiße«, entfuhr es Jan. »Er ist uns eben durch die Lappen gegangen.«

»Ich verstehe nicht, was hier los ist«, jammerte Talea. Ihre Schwester stand mittlerweile im Türrahmen und setzte sich jetzt neben sie.

»Was machen Sie hier?«, fragte sie.

»Alles in Ordnung«, beruhigte Lisa. »Bleiben Sie noch eine Weile hier bei Ihrer Schwester?«

»Eigentlich wollte ich bald wieder los«, antwortete sie.

»Bitte bleiben Sie noch hier, bis wir Ihnen wieder Bescheid geben, dass alles in Ordnung ist. Wir schicken auch einen Streifenwagen vorbei, der sich vor Ihrem Haus postiert«, erklärte Lisa und lief hinter Jan her, der bereits bei der Tür war.

»Wir haben Mist gebaut«, raunte er. »Wir müssen sofort eine Fahndung nach diesem Ronny rausgeben. Weißt du, wo seine Mutter wohnt?«

»Ja, ich hab mir die Adresse von Talea geben lassen.«

»Dann los ...«

Sie rasten über die Landstraßen Richtung Plaggenburg zu der Adresse von Ronnys Mutter. Jan machte sich schwere Vorwürfe, weil er so schlampig gearbeitet hatte. Wenn die Frau jetzt tot war, dann ging es auf sein Konto. Hatte er sich zu sehr von der Sache mit Helif ablenken lassen? Doch solche Vorwürfe halfen ihm jetzt nicht weiter. Lisa sah ab und an tröstend zu ihm herüber. Sie wusste genau, was jetzt in ihm vorging. Sie sagte nichts.

Als sie bei der Adresse ankamen, stutzten beide.

»Bist du sicher, dass wir hier richtig sind?«, fragte Jan.

Lisa sah nochmal auf ihren Zettel. »Doch, die Adresse stimmt«, sagte sie, »aber hier wohnt doch niemand.«

Sie standen vor einer alten Kirche mit einem kleinen Friedhof.

»Der hat uns alle verarscht«, sagte Jan, dem klar wurde, dass Ronny nicht der richtige Name des Mannes im Blaumann war.

»Was machen wir jetzt?«, fragte Lisa.

»Verdammter Mist«, schimpfte Jan. »Wir müssen nochmal zu der Firma zurück. Sonst wüsste ich nicht mehr, woher wir die richtige Identität von diesem angeblichen Ronny bekommen sollten.«

Er startete den Wagen und fuhr wieder Richtung Schirum.

»Sie schon wieder?« Gunter Brüggemann war aus seinem Glaskasten nach draußen gekommen, als er die quietschenden Reifen auf seinem Hof gehört hatte.

»Wie heißt dieser Ronny wirklich?«, fragte Jan, ohne weitere Erklärungen abzugeben.

»Was?«

»Dieser Ronny, von dem wir vorhin gesprochen haben. Wie ist sein richtiger Name?«

»Wolfgang Peters, wieso?«

»Warum haben Sie uns dann vorhin erzählt, dass er Ronny heißt?«

»Weil ihn alle hier so nennen«, entschuldigte sich Brüggemann. »Ich wusste doch nicht, dass ...«

»Schon gut«, mischte sich Lisa ein. »Geben Sie uns bitte die Adresse von dem Mann, es eilt.«

»Klar«, sagte Brüggemann und rannte zu seinem Büro. »Ich muss nur in den PC gucken, dauert nicht lange.«

»So ein verdammter Mist«, schimpfte Jan vor sich hin. »Ich ermittle in diesem Fall wie der erste Mensch.«

»Wir«, korrigierte Lisa, »ich stecke da genauso mit drin. Wir haben uns zu sehr mit Helif beschäftigt, fürchte ich. Aber es hilft jetzt auch nicht, wenn wir uns deswegen Vorwürfe machen.«

Brüggemann kam wieder raus und wedelte mit einem kleinen weißen Zettel herum. »Hier«, sagte er und Jan entriss ihm die Notiz.

»Danke«, sagte er knapp.

Dann saßen sie auch schon wieder im Wagen und rasten los Richtung Marienhafe. Die Straßen durch Aurich waren dicht, so dass sie erst nach über einer halben Stunde dort ankamen.

Sie standen vor einem kleinen alten Backsteinhaus in einer ziemlich verlassenen Gegend, wo nur noch Wiesen zu erwarten waren, wenn sie weiterfuhren. Sollten Sie jetzt endlich den Fall abschließen können?

Jan und Lisa stiegen aus. Die Blumen im Vorgarten passten zu dem Strauß, den sie bei Talea in der Küche gesehen hatten.

»Er ist es«, sagte Jan tonlos. »Ich geh hinten rum.«

Lisa nickte und ging zur Vordertür und drückte auf einen kleinen weißen Knopf, über dem der Name Peters eingraviert war.

Es tat sich nichts.

Jan lugte unterdessen durch die kleinen Fenster hinterm Haus. In einem Zimmer sah er einen kleinen Fernseher flimmern. Davor saß jemand, der mit dem Kopf hin und her schaukelte. Sie lebte noch. Er atmete auf.

Schnell lief er den Rest des hinteren Hauses ab und war wieder bei Lisa.

»Sie sitzt vor dem Fernseher und bewegt sich«, sagte er.

»Dann lebt sie noch, wir sind nicht zu spät gekommen«, sagte Lisa. »Warum macht sie denn nicht auf?«

»Sie scheint im Rollstuhl zu sitzen. Vielleicht kann sie nicht mehr laufen.«

»Dann müssen wir die Tür eintreten, es nützt nichts.«

Sie trat zur Seite und Jan nahm Anlauf. Die kleine Tür brach krachend aus ihrem Rahmen.

Schnell hatten sie sich einen Überblick über die Räume verschafft und standen dann in dem Wohnzimmer, das nach Urin und anderen Dingen roch. Lisa musste würgen. Es stimmte, die Frau in dem Rollstuhl bewegte sich. Aber sie tat es nicht aus eigenem Antrieb heraus.

»Was ist das?«, fragte Lisa und hielt den Atem an.

»Sie wird durch einen kleinen Motor bewegt«, sagte Jan. »Das sieht nach Fischertechnik aus. Ich kenne das aus meiner Kindheit.«

Sie gingen um den Stuhl herum und Lisa stieß einen kurzen Seufzer aus.

»Oh mein Gott. Sie muss schon Jahre tot sein.«

Vor ihnen saß nur noch ein bis auf die Knochen geschrumpftes Wesen, das in Kleider gehüllt war. Die Haut war grau und wirkte ledern.

»Der hat sie nicht umgebracht«, sagte Jan und zog den Stecker des kleinen Motors aus der Wand. Augenblicklich fiel der Körper der Frau in sich zusammen, als wäre er froh darüber, endlich zur Ruhe gekommen zu sein.

»Wie kannst du da so sicher sein?«, fragte Lisa und stellte den Fernseher ab. Es legte sich eine gespenstische Ruhe über den Raum.

»Dann hätte er sich nicht solche Mühe gegeben, dass sie noch lebendig wirkt. Vielleicht ist er mit ihrem Tod nicht klargekommen.«

»Er wollte nicht alleine sein …«, flüsterte Lisa und schrak im nächsten Moment zusammen.

»Wolfgang!«, krähte es hinter ihr und sie drehte sich blitzschnell um.

Die durchdringende Stimme kam aus einem alten Kassettenrekorder, der durch eine Zeitschaltuhr sporadisch mit Strom versorgt wurde. Und immer dann rief eine Mutter nach ihrem Sohn, auch, nachdem sie längst tot war.

»Das ist ja völlig krank«, sagte Lisa.

»Der hat was von Bates, würde ich sagen«, meinte Jan. Doch nach Lachen war ihm nicht zumute. Instinktiv wusste er, dass sie Ronny oder Wolfgang nicht hier finden würden. Aber wo war er jetzt?

»Wir müssen in den Keller«, sagte Lisa, getrieben von einer undefinierbaren Angst, was sie dort alles erwarten würde.

Sie gingen in den Flur und öffneten eine kleine Holztür, die ins Dunkel führte.

Über einen kleinen Kippschalter machte Jan Licht, das sie im ersten Moment stark blendete. »Bestimmt eine Hundert-Watt-Birne«, sagte Jan und sie stiegen die schmalen Stufen nach unten.

Es standen dort Regale mit eingemachtem Obst und Gemüse. Teilweise war der Inhalt dunkelgrau geworden, weil irgendwo Luft eingedrungen war.

Es gab drei kleine Räume mit alten Zinkwannen, Kochtöpfen und Kisten. Doch nichts deutete auf ein Massaker an Unschuldigen hin.

»Er muss noch ein anderes Versteck haben«, flüsterte Lisa.

»Das denke ich auch«, sagte Jan und sie stiegen die Stufen wieder hinauf.

Die Spurensicherung war nach gut einer Stunde da, arbeitete sich von einem Zimmer zum nächsten.

Jan und Lisa durchstöberten eine Vielzahl an Papieren, alten Briefen und Zeitungen, um nach einem Hinweis auf eine weitere Adresse zu suchen. Es schien aussichtslos, bis Lisa plötzlich auf ein Foto stieß, das in einer Schublade unter allem möglichen Kram gelegen hatte.

»Wo ist das?«, fragte sie mehr sich selbst und hielt es Jan hin. Auf dem Bild sah man eine Frau und einen kleinen Jungen. Sie standen vor einem großen Bauernhaus und lächelten in die Kamera.

Jan zuckte mit den Schultern. »Auf jeden Fall ist es nicht dieses Haus. Aber ich wette, dass die Frau die Tote im Rollstuhl ist.«

»Und der Junge, das ist Ronny.«

»Wolfgang«, korrigierte Jan. »Aber ist auch egal, wir müssen es finden.«

»Dann sollten wir zu dem traurigen Landwirt fahren«, schlug Lisa vor. »Er könnte es wissen.«

»Du hast recht«, pflichtete Jan ihr bei.

Sie machten sich auf den Weg.

So einsam

Es waren wieder die Hühner und der kleine Misthaufen, die Lisa als Erstes ins Auge stachen. In dem Zimmer zum Hof brannte Licht, also war das Ehepaar wohl da. Sie klopften an die Tür und diesmal öffnete der Landwirt selber.

Er sah die beiden verdutzt an. »So schnell hätte ich jetzt nicht wieder mit ihnen gerechnet«, sagte er und rückte seine dunkelgrüne Wollmütze zurecht.

Er trägt sie das ganze Jahr, dachte Jan, egal, ob die Sonne scheint oder es schneit.

»Wir müssten Ihnen ein Bild zeigen«, sagte Lisa. »Dürfen wir reinkommen?«

Lübbert nickte und sie gingen hinter ihm her in die Küche, wo seine Frau mit den Vorbereitungen für das Abendessen beschäftigt war.

»Die Polizei schon wieder«, sagte sie und hielt in ihrer Bewegung inne.

»Schon gut«, sagte Lübbert, »es geht nur um ein Bild.«

Fotos scheinen wichtig zu sein, dachte Jan. Was wäre, wenn niemand Bilder von Johanns Gartenfesten gemacht hätte? Dann stünden sie jetzt nicht hier.

Lisa lehnte den Stuhl, den Lübbert ihr bot, dankend ab und hielt ihm die gerahmte Aufnahme hin.

»Können Sie uns vielleicht sagen, wo wir diesen Hof finden?«, fragte sie und wartete gespannt auf seine Reaktion.

Lübbert rieb sich über die Augen und hielt die Aufnahme dann unter die brennende Küchenlampe aus weißem Porzellan, die über dem Küchentisch hing.

»Ein sehr schöner Hof«, sagte er mehr zu sich selber. »Ich glaube, ich kenne ihn.« Er grübelte noch einen kurzen Augenblick und fuhr dann fort. »Da war ich vor bestimmt über zwanzig Jahren schon einmal. Es ist der Hof von Habbo Peters. Ja, jetzt erinnere ich mich genau.«

»Peters«, wiederholte Lisa und warf Jan einen vielsagenden Blick zu. Sie hatten ins Schwarze getroffen. »Wo finden wir diesen Hof?«, fragte sie nach.

»Hm«, machte Lübbert. »Weißt du noch, wo der stand?« Sein Blick wanderte jetzt zu seiner Frau, die den Kochlöffel noch immer in der Hand hielt.

»Das war doch in der Nähe von Norden«, halft sie nach. »Aber wie hieß der Ort nochmal ...«. Sie klammerte jetzt beide Hände um den Kochlöffel.

»Jetzt hab ich's«, rief Lübbert aus, »das war in Lütetsburg am Rande des Ortes. Da sagen sich Hase und Igel immer gute Nacht.«

Offensichtlich war Lübbert auf dem Weg, seine Gedanken an Sprüchen entlang zu hangeln, um sich Dinge zu merken. Viele ältere Menschen machten das wohl, um einen Anker für ihre Vergangenheit zu legen.

»Die Adresse wissen Sie sicher nicht mehr?«, fragte Lisa vorsichtig, obwohl sie die Antwort schon kannte.

Lübbert schüttelte erwartungsgemäß mit dem Kopf. »Wir sind früher auch ohne Adresse überall hingekommen. Aber da gab es auch noch nicht so viele Straßen und Autos. Aber Sie brauchen sich nur in Richtung der alten Burg zu halten, und wenn sie dran vorbei sind, ist es nicht mehr weit. Sie fahren aus dem Ort raus, bis es nicht mehr weitergeht und dann geht eine Straße links ins Feld.«

»Danke, Sie haben uns sehr geholfen, wir werden es schon finden«, bedankte sich Lisa. »Sicher wissen die Einheimischen dort, wo der Hof steht.«

Als sie im Wagen saßen sahen sie sich wortlos an. Beide ahnten, dass das, was jetzt auf sie zukommen würde, bestimmt etwas war, an dem sie lange zu knabbern haben sollten.

»Auf geht's«, sagte Jan als Erster und fuhr los.

Im Rückspiegel sah er Lübbert und seine Frau in der Haustür stehen. Bestimmt würden sie die beiden niemals wiedersehen. Nie wieder mit dem traurigen Mann sprechen, der es nicht schaffte, sich von seinen letzten beiden Kühen zu trennen, weil er sie beim Namen nannte.

Desto näher sie Lütetsburg kamen, umso mulmiger wurde Lisa zumute.

»Glaubst, dass er dort ist?«, fragte sie und riss Jan aus seinen Gedanken.

Er nickte. »Ich denke schon. Wo sollte er denn sonst sein?«

»Das mit seiner Mutter ... ich komme einfach nicht darüber hinweg. Warum tut jemand so etwas?«

»Wenn wir Glück haben, dann kannst du ihn gleich fragen.«

Jan hatte jetzt keine Lust mehr auf weitere Spekulationen, das merkte sie und wurde wieder still.

Fast wie von selbst fuhren sie dann in die Feldstraße hinein, genauso, wie Lübbert es beschrieben hatte. Es gab nur diesen einen Weg und er führte weit ins Abseits des Ortes, bis sie endlich die Umrisse eines großen Hofes hinter einem dunklen Wald ausmachen konnten.

»Das muss er sein«, sagte Lisa und Jan ging vom Gas.

»Wir werden dort beim Wald parken und uns langsam ranschleichen.«

Kurz darauf sahen sie einen alten VW-Bulli, der neben einer wild wuchernden Hecke beim Hof geparkt stand.

Sie schlichen sich unbemerkt ans Haus heran.

»Was ist, wenn wir falsch liegen?«, fragte Lisa leise. »Es könnten doch auch ganz normale Leute hier wohnen.«

»Willst du etwa klingeln und fragen?«, entgegnete Jan und Lisa sah ein, dass das vielleicht keine so gute Idee war.

Sie gingen weiter und standen schließlich vor dem großen Scheunentor am hinteren Ende des Hofes. Daneben gab es noch eine weitere viel schmalere Tür aus Eisen. Lisa ging darauf zu und drückte vorsichtig die Klinke nach unten. Die Tür gab nach. Es war nicht abgeschlossen.

Jan machte ihr ein Zeichen, dass sie reingehen würden. Sie zogen ihre Waffen und schlichen voran, nachdem sie sich vergewissert hatten, dass es sicher war.

»Es stinkt hier entsetzlich«, stellte Lisa fest und hielt sich eine Hand vors Gesicht.

»Ich tippe auf Blut, jede Menge Blut«, antwortete Jan. Er ging weiter und blieb plötzlich stehen. »Da drüben ...«

Lisa sah in die Richtung, in die er gezeigt hatte. Was sich jetzt in ihr aufbaute, ließ sich kaum in Worte fassen. Es wurde ihr schlecht, sie war geschockt und ihre Knie wurden weich. Alles auf einmal. Es hätte nicht viel gefehlt, und sie wäre einfach umgekippt.

Vor ihnen stapelte sich ein Berg jeder Menge menschlicher Körperteile. Es sah gespenstisch aus. Dunkle Augen sahen sie aus einem abgeschlagenen Kopf an.

»Das ist Johann Schmees«, sagte Lisa tonlos. »Wir müssen Verstärkung rufen.« Sie stockte. Da war ein Geräusch gewesen. Beide drehten sich in die Richtung, aus der es gekommen war. Dann fiel ein Schuss. Jan warf sich auf Lisa und riss sie zu Boden. Ein weiterer Schuss peitschte direkt über den beiden hinweg.

Jan robbte an den Berg mit den Leichenteilen heran, die einzige Möglichkeit, Deckung zu erlangen für sie beide. Er zog Lisa mit, die am ganzen Leib zitterte. Sie verharrte in geduckter Haltung, während Jan sich kurz aufrichtete, um den Angreifer zu sehen.

»Geben Sie auf!«, rief er und robbte weiter hinter den Menschenberg. Er gab Lisa ein Zeichen, dass sie andersherum vordringen sollte, damit sie den Täter von beiden Seiten in Schach halten konnten. Sie verstand und überwand sich. Nein, sie wuchs geradezu über sich hinaus und tat, was Jan wollte. Sie blendete die Toten einfach aus.

»Hören Sie, wir wissen, was Sie getan haben«, rief Jan. »Wenn Sie sich jetzt stellen, dann kommen Sie nochmal mit einem blauen Auge davon.« Er wusste selber, dass er Blödsinn redete. Wie sollte jemand, der das, was sie hier vor sich sahen, angerichtet hatte, noch mit Gnade rechnen können?

»Das glauben Sie doch selber nicht«, kam es dann prompt aus dem Hinterhalt. »Wenn Sie mich festnehmen, dann wandere ich für den Rest meines Lebens in den Knast.«

Endlich, dachte Jan. Es war immer ein gutes Zeichen, wenn der Täter den Kontakt zuließ und zu sprechen begann.

»Es wird aber auch nicht besser, wenn Sie jetzt noch zwei Polizisten erschießen«, sagte er. »Wir haben Ihre tote Mutter gefunden. Sie haben es nicht ertragen, allein zu sein, deshalb haben Sie ihr diesen albernen Motor gebastelt und ihre Stimme ablaufen lassen.«

Es gab ein lautes Geräusch, als sei etwas umgekippt. Vielleicht eine Blechtonne oder Ähnliches.

»Was haben Sie mit meiner Mutter gemacht?«, rief die Stimme.

»Wir haben nichts mit ihr gemacht, wir haben sie nur gefunden«, sagte Jan. Während er mit dem Täter sprach, ging er immer weiter in dessen Richtung und senkte die Stimme entsprechend.

»Das mit Ihrer Mutter tut mir sehr leid«, mischte sich Lisa plötzlich ein. »Wann ist sie gestorben?«

Es gab wieder einen Knall. Diesmal trat der Mann offensichtlich nach einem Kanister. Oder ob er Benzin ausschüttete, um den Hof in Brand zu stecken?

»Meine Mutter war schwerkrank«, sagte die Stimme.

»Warum haben Sie sie nicht in ein Krankenhaus gebracht?«

»Sie wollte es nicht. Sie wusste, dass sie sterben würde.«

»Und Sie wollten Sie nicht gehen lassen, richtig?« Auch Lisa kam jetzt immer weiter aus ihrer Deckung heraus.

»Ich wollte nicht, dass diese Fremden an ihr herumhantierten. Niemand sollte meine Mama mitnehmen. Haben Sie meine Mama mitgenommen?«

Aha, dachte Jan, daher wehte der Wind. Ein durch seine Mutter traumatisierter Psychopath. Aber warum brachte er dann all diese Menschen um?

»Nein«, sagte Lisa in beruhigendem Ton. »Ihre Mama ist noch zuhause. Sie wartet auf Sie. Sie fühlt sich total alleine. Das können Sie doch nicht zulassen. Kommen Sie mit uns, wir kümmern uns dann gemeinsam um Ihre Mama.«

Jan und Lisa horchten. Würde Ronny auf den Vorschlag hereinfallen?

Dann fiel ein weiterer Schuss in ihre Richtung und sie duckten sich. Dann hörten sie, wie jemand weglief. Sie sprinteten sofort hinterher, und noch bevor Ronny die Tür zum Wohnhaus öffnen konnte, hatte Jan ihn am Arm gepackt und drehte diesen nach hinten. Der Täter hatte es ihnen leicht gemacht. Er wollte gefasst werden, hatte er das Gefühl. Er ließ sofort seine Waffe fallen und fing an, zu weinen.

»Ich habe das nicht gewollt«, wimmerte er und wiederholte es in einem Singsang immer wieder.

Als Lisa sicher war, dass Jan Wolfgang Peters, wie er ja eigentlich hieß, im Griff hatte, zog sie ihr Handy aus der Hosentasche und rief die Kollegen an. Es würde hier eine Menge aufzuräumen geben.

Das Verhör

Wolfgang Peters hatte sich widerstandslos in die Dienststelle bringen lassen und saß jetzt im Verhörraum.

»Was glaubst du, wie viele Menschen da in der Scheune gelegen haben?«, fragte Lisa, als sie mit Jan darauf zuging.

»Auf jeden Fall zu viele«, antwortete er und öffnete die Tür.

Vor ihnen saß ein zerbrechlich wirkender Mann. Erst jetzt sahen sie, wie mager er im Grunde war. Sein aschblondes Haar hing zottelig über seinen Ohren. Ein Mann, der mit über vierzig noch bei seiner Mutter lebte, so stellte man ihn sich bestimmt vor.

Sie setzten sich ihm gegenüber. Nach allem, was er getan hatte, würde es für ihn keine Gnade geben. Egal, welche herzerweichende Geschichte er ihnen jetzt auch auftischen mochte.

Und genauso kam es dann. Nach anfänglichem Zögern brachen bei Wolfgang Peters, der sich selber irgendwann den Namen Ronny gegeben hatte, weil das einfach cooler klang, sämtliche Dämme und er schilderte, was sich in den letzten zehn Jahren, nachdem seine Mutter gestorben war, zugetragen hatte.

Alles hatte damit angefangen, dass sie ihm schon als Kind von den guten und den bösen Menschen erzählt hatte. Das Böse versuche immer, das Gute zu überlisten, hatte sie ihm vor dem Einschlafen erzählt, wenn sie schon leicht angeheitert war. Die Bösen, das seien dann auch die, die dafür gesorgt hatten, dass sein Vater irgendwann verschwunden war mit einer anderen.

All das hatte sich ganz tief in sein Herz gefräst. Ihm taten alle Guten leid, denen böse mitgespielt wurde, einschließlich seiner Mutter. Vielleicht hatte sie die Tragweite ihrer Handlungen nicht erkannt oder auch kaum erahnen können. Man erzählte Kindern viel, wenn sie klein waren. Doch bei Wolfgang gab es noch einen weiteren Aspekt, der mit dafür sorgte, dass sich alles zuspitzte. Er hielt sich selber für einen guten Menschen. Er sorgte für seine Mutter, die man im Stich gelassen hatte. Er ertrug es nicht, wenn andere Kinder gehänselt wurden in der Schule, und schlug wild und unbändig auf alle ein, damit sie endlich aufhörten. Wolfgang wurde als auffällig und behandlungsbedürftig eingestuft. Und im Grunde schaffte er es von da an nie wieder, ein normales Leben zu führen.

Seinen ersten Mord beging mit dreizehn Jahren. Es war ein warmer Sommertag am Badesee gewesen. Sie waren mit einer Gruppe Jugendlicher, die sich von der Schule her kannten, losgefahren. Als es später wurde, gingen die ersten Mädchen nach Hause. Nur eines, das schon etwas älter war, das blieb mit Wolfgang bis zur Dämmerung. Eigentlich war sie ihm vorher noch nie aufgefallen. Sie war leicht untersetzt und auch sonst keine Schönheit. Doch irgendetwas an ihr zog ihn an. Mochte es der Reiz des Neuen sein. Endlich mal ein Mädchen in der Wirklichkeit berühren. Denn bisher hatte er nur davon geträumt und war am Morgen verschwitzt aufgewacht.

Sie alberten herum, zogen sich gegenseitig an den Haaren. Wie man es so machte, wenn man Unsicherheit zu überwinden hoffte. Und tatsächlich drückte sie ihm irgendwann ihren vollen roten Mund auf die Lippen. Es war ein herrliches Gefühl. Wenn es nach Wolfgang gegangen wäre, dann hätte man es dabei bewenden lassen. Doch sie wollte mehr. Viel mehr. Also kam Ronny ins Spiel.

Irgendwann, als Wolfgang wieder mal nicht hatte schlafen können, da hatte er Ronny erfunden. Er war das genaue Gegenteil von ihm selber. Er war stark, schlau und alle mochten ihn. Die Mädchen himmelten ihn wegen seiner tollen blauen Augen an. Wolfgang wäre gerne wie Ronny gewesen. Dann hätte er sich auch nicht mit den guten und bösen Menschen auseinandersetzen müssen. Denn Ronny scherte sich einen Dreck darum, ob es anderen schlecht ging. Er dachte nur an sich.

Und so übernahm auch Ronny an dem Abend mit dem Mädchen am Badesee irgendwann die Zügel, die Wolfgang ihm zaghaft hingehalten hatte. Er stürzte sich geradezu auf das Mädchen, das jetzt nur noch halb bekleidet und fleischig vor ihm lag. Er küsste sie, wo immer sie es zuließ. Irgendwann lag er auf ihr und drang in sie ein. Es war ein Höhenrausch, aus dem Ronny erst wieder erwachte, als er fertig war und sie höllisch über ihn lachte. Warum, das hatte Wolfgang bis heute nicht erfahren. Denn er gewann wieder Oberhand, als Ronny ihm zuflüsterte, dass sie besser schweigen sollte, damit man sie nicht entdeckte, und drückte ihr so lange die Hand auf den Mund, bis sie endlich still war. Ronny sah nur teilnahmslos zu und schleifte den toten Körper ins Gebüsch.

Das Mädchen wurde drei Wochen später von einer Spaziergängerin mit Hund entdeckt. Der Mörder wurde nie gefunden.

Jan und Lisa hatten gebannt zugehört. Wolfgang und Ronny saßen in einer Person vor ihnen. Während der eine versuchte, die Welt zu retten, mischte der andere in dem bunten Treiben kräftig mit. Und wenn es dem einen zuviel wurde, dann brachte er die Menschen einfach um.

»Ronny hat also die Menschen umgebracht, die nicht gut genug für diese Welt waren?«, fragte Jan in die aufgekommene Stille hinein.

Wolfgang sah ihn an und lächelte. »Ich hätte das doch nie gekonnt«, sagte er und starrte weiter vor sich auf den Tisch.

»Warum hat er all diese Menschen umgebracht und dann in Stücke zerlegt?«

Wolfgang sah auf seine Hände. »Ronny hat gespürt, wie schwer mir das Leben fiel, desto älter ich wurde. Wissen Sie, man muss sich doch nur in seiner näheren Umgebung umsehen und schon hat man gar keine Lust mehr zu leben. Die Menschen sind schlecht und gemein. Jedenfalls viele von ihnen. Ich habe immer von einer Welt geträumt, in der es nur noch das Gute gibt.«

»Und deshalb haben Sie, oh Pardon, die Drecksarbeit hat ja Ronny für Sie erledigt, deshalb hat also Ronny Menschen eingesammelt, die Wolfgang für schlecht hielt und hat sie ermordet?«

»Endlich haben Sie es verstanden«, sagte Wolfgang und Ronny grinste dazu.

Wie lange mochte das schon so gegangen sein?, fragte sich Jan.

»Wann hat es angefangen?«, fragte er laut.

Wolfgang zuckte mit den Schultern. »Vielleicht, als ich zwanzig war, oder so. Sicher weiß ich es gar nicht mehr. Es war ja auch nicht so leicht mit meiner Mutter, wissen Sie. Ich musste mich immer um sie kümmern. Ronny hätte das nicht getan.«

Vermutlich hätte er sie einfach umgebracht, dachte Jan. Denn das wäre die logische Schlussfolgerung bei einem schizophrenen Menschen gewesen.

»Und Ihre Mutter?«

»Mama?« Wolfgang sah von einem zum andern. »Mama war sehr krank. Ich wollte nicht, dass sie geht. Sie konnte mich doch nicht mit Ronny alleine lassen.«

»Aber dann ist sie doch gegangen und Sie haben diese Apparatur gebaut, die Ihnen die Illusion gab, dass sie noch da war, richtig?«

»Mama hat es gefallen«, sagte Wolfgang und wirkte nicht mehr wie von dieser Welt.

Sie hätten hier noch stundenlang Fragen stellen können. Doch es war auch klar, dass er nichts von alldem abstreiten würde. Sie hatten ihn endlich erwischt und er würde in die Psychiatrie wandern. Das war das Gute an der Sache. Wäre Johann Schmees nicht mit seiner Frau Richtung Rechtsupweg unterwegs gewesen, vielleicht hätten sie ihn nie gefunden.

»Warum hat Ronny auch Wolfgangs netten Kollegen Johann Schmees umgebracht?«, fragte Jan.

Wolfgangs Gesicht verfinsterte sich. »Darüber war ich auch sehr böse«, sagte er und lehnte sich auf den Tisch. »Johann war ein guter Kollege, ich konnte mich immer auf ihn verlassen. Aber dann hat Ronny mir erzählt, dass er den Sack mit den Leichenteilen gefunden hat. Und außerdem hat er seine Frau betrogen. Ich fand, da hatte Ronny dann recht, dass es soweit war.«

Lisa hatte während des Verhörs nicht ein Wort gesagt. Als Jan ihr ein Zeichen machte, dass sie jetzt stoppen würden, sah sie ihn dankbar an.

Wolfgang Peters wurde in eine Zelle gebracht.

»Ich weiß nicht, warum wir mit solchen Typen unsere Zeit verschwenden müssen. Es wäre doch viel wichtiger, dass wir die Verbrecher schnappen, die Helif zusammengeschlagen haben«, sagte sie, als sie wieder in ihrem Büro waren.

»Wir machen das ja nicht für ihn«, entgegnete Jan, »sondern für die vielen Menschen, die er ohne Grund brutal ermordet und zerstückelt hat. Wir werden sicher nie erfahren, um wen es sich dabei im Einzelnen gehandelt hat.«

»Vielleicht ist es wenigstens möglich, dass wir alle Teile von Johann Schmees zusammenkriegen, damit Talea ihm eine würdige Beerdigung geben kann.«

»Tja, das wäre ihr zu wünschen. Und all die anderen … sie werden in einem anonymen Grab ihre letzte Ruhe finden.«

»Damit geht es ihnen dann bestimmt besser als denen, die nach ihnen suchen und sie vermissen.«

»Wollen wir Helif besuchen gehen?«, fragte Jan. Er wollte Lisa jetzt auf andere Gedanken bringen.

»Gerne. Ich muss jetzt unbedingt mal wieder mit einem guten Menschen sprechen.«

Als sie sachte an seinem Krankenzimmer klopften, kam keine Antwort. Ängstlich sah Lisa zu Jan. Er drückte die Klinke herunter.

»Er schläft sicher«, sagte er, als er die Tür aufschob.

Doch das Zimmer war leer.

»Oh Gott nein«, rief Lisa aus. »Nicht Helif.«

»Hab ich da meinen Namen gehört«, erklang plötzlich eine fröhliche Stimme hinter ihr. Es war Helif, der schon wieder auf den Beinen war und auch der Verband um den

Kopf war entfernt worden. Sein Gesicht war stark geschwollen.

»Helif.« Lisa fiel ihm um den Hals und lachte mit erstickter Stimme. »Ich hätte es nicht ertragen, wenn …«. Mehr konnte sie nicht sagen.

»Es ist ja alles gut«, sagte Helif und Jan half ihm, sich aus ihrer Umklammerung zu befreien.

»Ach, du hast ja keine Ahnung«, sagte Jan, »die Welt ist ein einziger Scherbenhaufen.«

»Ihr müsst lernen, die Dinge positiver zu sehen«, sagte der Mann aus dem fremden Land, und gerade von ihm hätten sie das nie erwartet. Denn es war ihm in ihrem Land in einer Nacht soviel Hass und Gewalt entgegengebracht worden, wie ihn nur wenige Menschen unbeschadet überstanden hätten.

Sie saßen noch lange zusammen in dem Krankenzimmer und lachten viel. Sie berichteten Helif von Wolfgang Peters und er verstand nur die Hälfte von dem, was diesen Mann angetrieben haben mochte.

Es ist vorbei

Chief schnüffelte an Lisas Ohr, und davon wachte sie am nächsten Morgen auf. Sie fühlte sich leer und doch zufrieden. So war es immer, wenn sie einen schwierigen Fall gelöst hatten. Dann trat eine Ruhe ein, die sich nur schwer mit etwas Greifbarem erklären ließ.

Sie dachte an Helif. Er würde noch ein paar Tage im Krankenhaus bleiben und dann wieder in seine Heimat fliegen. Auch wenn er den Angreifern nichts nachtrug, wie er sagte, so wollte er doch wieder nach Hause. Bestimmt würden sie ihn noch einmal zu sich nach Hause einladen, bevor er sich endgültig verabschiedete.

Sie hörte, wie Jan im Badezimmer unter der Dusche stand. Nein, dieses Bild wollte sie jetzt nicht in ihrem Kopf haben.

Sie schlüpfte in ihre Hausschuhe, zog ihren Morgenmantel über und ging in die Küche, um einen Kaffee anzusetzen.

Während er durchlief, lehnte sie sich an die Spüle und sah aus dem Fenster. So ein Wald konnte einem eine Menge böser Gedanken abnehmen. Vielleicht hatte Ronny den Wald vor lauter Bäumen nicht mehr gesehen. Wer wusste das schon. Und vor allem, wen interessierte es.

Nein, es gab keine Entschuldigung für das, was Ronny oder auch Wolfgang oder beide zusammen getan hatten. Nicht einzelne Menschen entschieden und richteten darüber, wer gut und wer böse war. Und kein Mensch, sei er auch noch so böse in jemandes Augen, hatte den Tod verdient. Und das war es, warum sie ihren Job machte. Basta.

Jan kam aus dem Bad und sah im ersten Moment wie eine Werbung für ein Duschgel aus. Seine Augen glänzten feucht, sein Haar stand zersaust vom Kopf ab, weil er wie immer nur mit seinen zehn Fingern dadurch gegangen war, nachdem er es mit dem Handtuch trocken gerubbelt hatte. Er trug eine helle verwaschene Jeans und hatte sich ein Handtuch um den Nacken gelegt. Er trug kein T-Shirt, geschweige denn ein Unterhemd. So etwas besaß er gar nicht.

»Woran denkst du?«, fragte er und blieb unvermittelt stehen.

»Ich glaube, ich gehe mit dem Kollegen aus der KTU essen«, sagte sie schnell.

»Eine gute Idee«, bestätigte Jan. »Wir müssen immer nach vorne schauen.«

»Ich geh dann mal duschen, der Kaffee läuft schon.«

»Okay, lass dir Zeit. Ich hole uns noch frische Brötchen. Ich denke, wir können draußen frühstücken.«

»Dann vergiss nicht, dir ein Hemd anzuziehen«, sagte sie im Vorbeigehen und fuhr mit ihrer Hand über seinen Rücken.

»Sicher«, sagte er irritiert. Eine Gänsehaut kroch bis hinter seine Ohren.

Als Jan vom Brötchenholen wiederkam, hatte Lisa den Kaffee fertig und auch ein erster vorläufiger Bericht der KTU war eingegangen. Dieser erzählte die Geschichte von Wolfgang und Ronny zu Ende. In dem Leichenberg waren bisher fünfundzwanzig verschiedene Personen identifiziert worden. Nach oben offen, stand in Klammern dahinter. Die Menschen waren - und man ging davon aus, dass sie wenigstens vorher getötet worden waren - mit einer Kettensäge in Stücke zerlegt und dann in einem Häcksler zerkleinert worden. Es gab Spuren, die darauf hindeuteten, dass sie auch in einer alten Zinkwanne in einer Lösung zersetzt worden waren. Das würde auch den Schaum vor der Küste in Norddeich erklären.

Sie hatten kaum etwas gegessen, während Lisa den Bericht vorlas.

»Warum hat er eigentlich die Beine und Hände in Säcken durch die Gegend gefahren?«, fragte Lisa. »Das ergibt für mich keinen Sinn, wenn er doch alles in einer Flüssigkeit aufgelöst hat. «

»Hm ... vielleicht wurden es einfach zu viele und die Flüssigkeit ging ihm aus. Eventuell wollte er die Extremitäten auch einfach so ins Meer werfen, wer weiß.«

»Das könnte eine Erklärung sein«, meinte Lisa. Vielleicht sollten wir ihn irgendwann noch einmal danach fragen.«

»Mir ist das ehrlich gesagt egal«, erwiderte Jan. »Denn hätte er es nicht getan, dann würden wir vielleicht noch gar nichts von seinem Treiben erfahren haben und es würden ihm immer mehr Menschen in die Falle gehen.«

»Es wird sich bestimmt nie ganz aufklären lassen, um wen es sich bei den Opfern handelt«, seufzte Lisa. »Somit bleibt die Ungewissheit für viele Angehörige, die ihre Liebsten vermissen, immer weiter bestehen.«

»Ja, da hast du recht. Gewissheit wird es nicht für jeden geben.«

Sie aßen schweigend weiter. Jan nahm den Bericht und las ihn noch einmal für sich im Stillen durch.

»Tut er dir eigentlich leid?«, fragte Lisa, als er wieder aufsah.

Jan runzelte die Stirn. »Das ist eine schwierige Frage. Er war krank, das steht fest. Und leicht war sein Leben auch bestimmt nicht. Aber letztendlich rechtfertigt das niemals, dass man andere Menschen sinnlos tötet und abschlachtet.«

»Also nein?«

»Nein. Mitleid habe ich mit ihm nicht. Es gibt viele Menschen, die einiges durchgemacht haben in ihrem Leben. Und die meisten holen sich Hilfe von Freunden oder bei Fachleuten. Und wenn dieser Wolfgang oder Ronny dazu nicht in der Lage war, dann bedeutet das für mich, dass er eben so krank war, dass er eine Gefahr für die Menschheit ist.«

»Ja, du hast recht. Ich weiß nicht, ob ich das Bild mit dem Berg von Leichenteilen jemals wieder loswerde«, sagte Lisa und schüttelte sich.

»Stimmt, das war hart.«

»Und der Gestank. Jetzt werde ich bestimmt niemals wieder Fleisch essen.«

Irgendwie hatte sie recht, dachte Jan. Wo bestand eigentlich noch der Unterschied zwischen diesem Berg an Leichenteilen und abgeschlachteten Schweinen. Doch laut sagte er es nicht. Sie wollte das Bild ja aus ihrem Kopf kriegen, da musste er nicht noch Öl ins Feuer gießen. Es reichte schon, dass er sich vor den meisten Menschen ekelte oder zumindest lieber Abstand hielt. Man konnte niemandem in den Kopf gucken, sondern nur davor. Erst in den Auswüchsen erkannte man irgendwann, was hinter einer Stirn vorgegangen sein musste. Wie sollte er überhaupt noch jemandem vertrauen können?

»Was ist los?«, fragte Lisa. »Hätte ich das mit dem Fleisch essen nicht sagen sollen?«

»Doch doch ... du hast ja recht. Ich bin gespannt auf deine nächsten vegetarischen Gerichte.«

»Du veräppelst mich«, wehrte sie ab.

»Nein, ganz ehrlich. Mir ist der Appetit auch so langsam vergangen. Ich würde mich freuen, wenn du mich in deine fleischlose Welt entführen würdest.«

»Oh, nichts lieber als das. Und was ist mit Chief?«

»Nun, der Hund muss ja nicht darunter leiden, finde ich.«

Beide mussten lachen.

Sie machten sich bald auf den Weg in die Dienststelle. Es gab noch einiges zu erledigen. Am schlimmsten war es für beide, dass sie Talea die traurige Nachricht vom Tod ihres Mannes überbringen mussten. Denn der Mörder war bei ihnen ein und aus gegangen. Er war ein guter Freund gewesen. Sie würde lange brauchen, um das zu verstehen. Würde auch sie ihre Sicht auf die Menschen ändern?

Vielleicht für kurze Zeit. Doch irgendwann würden auch die Gedanken daran verblassen, von wem sie die Blumen an jenem Morgen bekommen hatte und aus wessen Garten sie stammten. Die alte Frau, die so lange Jahre tot in dem Stuhl vor dem Fernseher gesessen hatte, würde endlich beerdigt werden können. Es war fraglich, ob man ihrem Sohn erlauben würde, daran teilzunehmen.

Die Wand in der Dienststelle war voller Fotos. Der Kollege, der sie geschossen hatte, wollte Jan und Lisa keine Details vorenthalten und hatte sie feinsäuberlich angebracht.

»Unvorstellbar, dass der Sohn so lange mit seiner toten Mutter in dem Haus gelebt hat, ohne dass jemand es bemerkte«, sagte Lisa, als sie davor standen. Auch die Apparatur, die sie so viele Jahre in Bewegung gehalten hatte, war bis ins kleinste Detail fotografiert worden.

»Ja, das ist auch für mich das Erstaunlichste«, meinte Jan. »Allein vom Psychologischen her war das eine große Herausforderung, auch wenn Wolfgang Peters gestört war. Aber so viele Jahre mit einer Leiche im Haus zu leben und so zu tun, als lebte sie noch, das ist eine seelische Glanzleistung.«

»So kann man es sicher auch ausdrücken«, meinte Lisa. »Aber mich interessiert auch das Umfeld. Der

Postbote, Nachbarn, vielleicht sogar Apotheken, die sie sonst versorgt haben ... es muss doch jemanden gegeben haben, der nach ihr gefragt hat.«

»Das gab es bestimmt auch, aber du weißt doch, wie das läuft. Sie fragen ein paar Mal nach und dann irgendwann glauben sie dem Sohn, der ihnen erzählt, dass sie nicht mehr so richtig auf den Beinen ist. Irgendwann haben sie dann einfach vergessen, dass sie die Frau jemals gesehen haben. So sind die Menschen nun mal. Und letztendlich ist es auch gut, denn ein bisschen Privatsphäre braucht doch jeder.«

»Glaubst du, dass es jemandem auffallen würde, wenn du irgendwann nicht mehr unter die Leute gehen würdest.«

»Ganz sicher nicht. Du kennst doch meine Kontakte.«

»Du hast keine.«

»Eben. Wer also sollte mich vermissen?«

»Ich.«

»Du bist doch auch da, wo ich bin. Also brauchst du mich auch nicht zu vermissen.«

»Auch wieder wahr. Sag mal, willst du heute nochmal mit Wolfgang Peters sprechen?«

Jan runzelte die Stirn und rieb über seinen Dreitagebart.

»Ehrlich gesagt habe ich heute keine Lust auf Ronny. Lass es uns ein andermal machen.«

»Dieser Ronny in Wolfgang, der beschäftigt dich wohl sehr.«

»Auf gewisse Weise ja. Denn er war die treibende Kraft, die das Leben von Wolfgang zerstört hat. Und es ist immer spannend, wie es überhaupt möglich ist, dass sich eine zweite Person in einem Wesen derart durchsetzen kann und den sogenannten Frontmenschen beherrscht.«

»Frontmenschen?«, fragte Lisa, »gibt es so etwas überhaupt.«

»Nicht direkt. Ich habe das Wort gerade erfunden. Doch ich glaube, wir alle sind Frontmenschen und irgendwo ganz tief im Inneren, da lauern auch bei dir oder mir diese Betamenschen, die ganz andere Dinge tun würden, als wir sie jetzt jeden Tag verrichten.«

Lisa betrachtete ihr Gesicht, das sich schemenhaft in der Fensterscheibe spiegelte. »Du meinst, hinter meinem Gesicht, da steckt noch viel mehr als die Lisa Berthold, die du kennst.«

»Da bin ich ganz sicher. Doch deine Betamenschen sind so schwach, dass sie dem Frontmenschen Lisa Berthold nichts anhaben können.«

»Du machst mir Angst, da mag man ja gar nicht mehr in den Spiegel sehen beim Zähneputzen. Wer weiß, wem ich da gerade die Dinger schrubbe.«

Jan musste lachen. »Solange du so darüber reden kannst, besteht keine Gefahr für dich. Und außerdem bist du eine starke Frontfrau, da mache ich mir keine Sorgen. Ich wollte nur, dass du verstehst, wie ich die ganze Sache interpretiere und warum mich das Thema reizt.«

»Dann ist ja gut. Und es ist spannend, da gebe ich dir recht. Ich fürchte nur, dass es für die Hinterbliebenen ein schwacher Trost sein wird.«

»Sie müssen ja nichts davon erfahren«, sagte Jan, »es gibt Dinge, die bleiben besser ungesagt.«

Es war ein anstrengender Tag gewesen, und das mehr in psychischer denn in körperlicher Hinsicht. Als sie in den Wagen stiegen, fragte Lisa, ob sie noch einmal bei dem alten traurigen Bauern vorbeifahren sollten, um ihm alles zu erzählen. Doch Jan fand, dass er schon genug negative Gedanken mit sich herumtrug und sie es lieber bleiben lassen sollten.

Abschied

Es waren einige Tage vergangen und Lisa fühlte sich schon viel besser. Der Tag war warm und klar und sie deckte gerade den Tisch im Garten, um Jan mit einem vegetarischen Auflauf zu verwöhnen, als Chief, der neben der blauen Bank lag, plötzlich den Kopf hob und die Ohren hochzog.

Auch Lisa hielt jetzt in ihrer Bewegung inne. Sie hatte das Gefühl noch nicht vergessen, als der Stein in der Nacht durchs Fenster geflogen war. Die Angst war sofort wieder greifbar. Sie drehte sich um und sah in die Richtung, in die auch Chief jetzt starrte.

»Was ist da?«, fragte sie leise. Wo war Jan nur. Er wollte doch nur kurz ins Bad und sich frischmachen.

Chief erhob sich und lief um das Haus herum. Lisa folgte ihm auf leisen Sohlen. Sie hatte keine Waffe, natürlich nicht, sie deckte ja gerade den Tisch.

Dann sah sie, wie Chief mit dem Hintern wackelte und den Schwanz hin und her schwenkte. Sie atmete erleichtert aus. Sicher hatte er nur einen anderen Hund gehört oder so. Dann lief Chief fröhlich weiter und im nächsten Moment gab er Laute von sich, als ob er jemanden begrüßte.

Lisa kam auch um die Hausecke und sah, was Chief gehört hatte.

»Helif!«, rief sie aus und lief ihm entgegen. »Das ist ja eine Überraschung. Du siehst schon wieder viel besser aus.«

Sie umarmte ihn herzlich.

»Hello dear«, erwiderte Helif und drückte sie fest an sich. »So glad, to be here.«

»Du kommst gerade richtig, wir wollten gleich Abendbrot essen. Du bleibst doch sicher?«

»Great«, antwortete Helif fröhlich und rieb über seinen Bauch, um zu zeigen, dass da wohl noch jede Menge Platz war.

Sie gingen Arm in Arm hinters Haus zur Terrasse, wo Jan gerade zur Hintertür nach draußen kam.

»Mensch, das ist ja eine tolle Überraschung«, sagte er und reichte Helif die Hand. »Setz dich doch, ich hole uns einen schönen Rotwein.«

Lisa ging mit ins Haus, um den Auflauf zu holen.

Helif setzte sich auf die blaue Bank und bearbeitete Chief, der sich gar nicht wieder einkriegen konnte vor Freude.

»Es ist so schön, dich hier zu haben«, sagte Lisa, »und zu sehen, dass es dir wieder besser geht.«

»Thanks«, erwiderte Helif. »Ich habe Glück gehabt.«

»Na ja«, meinte Jan, »von Glück würde ich nicht sprechen, wenn man ... aber lassen wir das. Das Traurigste ist, dass man diejenigen, die dir das angetan haben, vermutlich niemals fassen wird. Sie werden davonkommen und weiterhin denken, dass sie sich alles erlauben können.«

»Oh yeah«, sagte Helif, »but I don´t like to look back.«

»Du willst jetzt nach Hause zurück, habe ich recht?«, fragte Lisa, obwohl sie die Antwort schon kannte.

»Yes«, sagte Helif und seine Augen strahlten. »See my familiy will be great. Ich werde weiter studieren und of course, ich komme wieder nach Deutschland.«

»Das würde ich mir gut überlegen«, murmelte Jan und Helif verstand, was er meinte. »Aber du weißt, dass du hier bei uns immer willkommen bist.«

»Yes, ich danke euch für alles.«

»Aber wir haben doch gar nichts getan«, wehrte Jan ab.

»Doch, ihr habt mich nicht wie Fremder in einem Land behandelt.«

»Du bist kein Fremder«, sagte Lisa und ihr traten Tränen in die Augen. »Du bist unser Freund.«

»Genau, du bist unser bester Freund«, pflichtete ihr Jan bei und sie reichten sich die Hände und drückten sie, bis es wehtat.

Sie aßen zusammen und saßen noch stundenlang draußen, bis die Sonne unterging. Helif schlief mit Chief auf dem großen Sofa in der Küche. Auch der Hund spürte, dass er bald einen Freund verlieren oder zumindest für eine lange Zeit nicht mehr sehen würde, und wachte über seinen Schlaf.

ENDE

Zur Autorin

»Ich habe erst mit fünfzig meine Leidenschaft für das subtile Verbrechen entdeckt.«

Als gebürtige Ostfriesin kam Moa Graven durch Umwege über den Journalismus selber zum Krimi-Schreiben. Das war im Jahr 2013, als sie ihren ersten Krimi »Mörderischer Kaufrausch« mit Ermittler Jochen Guntram als Fortsetzung in einem Monatsmagazin veröffentlichte. Sie arbeitet mittlerweile an drei Krimi-Reihen in Ostfriesland mit Kommissar Guntram in Leer, Jan Krömer in Aurich und Eva Sturm auf Langeoog! Und seit August 2016 kam eine Friesland Krimi-Reihe mit Joachim Stein hinzu, den man nur »Der Adler« nennt.

Besuchen Sie die Autorin gerne auch hier: www.moa-graven.de.

NEU: Die Ostfrieslandkrimis App von Moa Graven zum kostenlosen Download für Ihr Smartphone!

Die Krimi-Reihen von Moa Graven

Profiler Jan Krömer Krimi-Reihe
»KillerFEE«" – Band 01
»Todesspiel am Großen Meer« – Band 02
»Kneipenkinder« – Band 03
»Fallensteller« - Band 04
»Flächenbrand« – Band 05
»Blindgänger« - Band 06
»Fremder« - Band 07
»Die Puppenstube« - Band 08
»Lautlos« - Band 09

Kommissar Guntram Krimi-Reihe
»*Mörderischer Kaufrausch*« - Band 01
»*Mord im Gebüsch*« - Band 02
»*Mordsgeschäfte*« - Band 03
»*Das Meer schweigt ...*« - Band 04
»*Märchenhafte Morde*« - Band 05
»*Hinter verschlossenen Türen*« - Band 06
»*Teezeit*« - Band 07
»*Wer erschoss den Weihnachtsmann?*« - Band 08
»*Hannah – Vergessene Gräber*« - Band 09
»*297 Tage*« - Band 10
»*Tod einer Prinzessin*« - Band 11

D

ie Eva Sturm Krimi-Reihe
»Verliebt ... Verlobt ... Verdächtig« - Band 01
»Justitias Schwäche« - Band 02
»Bitterer Todesengel« - Band 03
»Blaues Blut« - Band 04
»Stille Angst« - Band 05 (hierbei handelt es sich um ein Overcross-Special mit den drei Ermittlerteams von Moa Graven, die einen Fall auf Borkum lösen)
»Schiffbruch« - Band 06
»Auf dich wartet der Tod« - Band 07
»7 Tage Regen« - Band 08
»Wenn es Abend wird, mein Schatz ...« - Band 09
»Stirb leise ...« - Band 10
»**Der letzte Tanz**« - Band 11

Der Adler Joachim Stein Krimi-Reihe
»**Der Adler – LaLeLu ... und tot bist du**« Band 01
»**Der Adler – KALT**« Band 02
»**Der Adler - Nebeltod**« - Band 03
»Der Adler - Lebenslänglich« - Band 04
»**Der Adler – Der Nachbar**« - Band 05

Alle Bücher sind als Taschenbuch oder eBook und teilweise auch als Hörbuch erhältlich!

www.ingramcontent.com/pod-product-compliance
Lightning Source LLC
Chambersburg PA
CBHW031942070426
42450CB00006BA/658